作家主義　韓国映画

目次

表紙——イ・チャンドン

インタビュー
映画と文学の交差点～村上春樹ライブラリー
全州国際映画祭リポート
論
川村元気、イ・チャンドンを語る。
全作品レビュー

第1章 イ・チャンドン

Lee Chang-dong

イ・チャンドン

見やすい映画を観客が望み、作り手がそれに応える現代の流れに逆行したいと思いました。生きること＝人生とは何か。世界とは何か。それを問いかけて、自分なりに推察して、考えてほしいという想いがありました。

文――相田冬二

世界有数の映画作家と呼んで過言ではない。極めて寡作。そして、大きな映画賞に輝きつづけている。とりわけ、「オアシス」「シークレット・サンシャイン」「ポエトリー アグネスの詩」の3作は、映画史に残る偉業であろう。

それにしても驚かされるのは、イ・チャンドンは、誰にも真似のできないオリジナルな骨太さを有していながら、巨匠然とした安定からは決然と距離を置いていることである。毎回、新しい衝撃とともに映画を繰り出してくる。そして、そのことが、作品の力強さになっている。

いわゆる〝イ・チャンドンらしさ〟というようなものには一切頼ってはおらず、「オアシス」なら「オアシス」、「シークレット・サンシャイン」なら「シークレット・サンシャイン」、「ポエトリー」なら「ポエトリー」と、作品そのものが屹立する。

監督に従属することなく、自力で聳え立つ迫力が作品にはあるのだ。いまのところ最新作となる「バーニング劇場版」では、現代の若い男女3人の、決して単純ではない生の行方を、とめどなくまさぐっていく。

イ・チャンドンは、光の作家である。これまでの作品のタイトルたちは、すべて光の隠喩かもしれない。そして、おそらく彼は唯物論者なのだ。「オアシス」でも、光を唯物として画面におさめ、冒頭、タペストリーに差し込む光をシンボリックに捉えつつ、最終盤で、光の存在をダイレクトに人物たちの物語を締めくくる具体的なファクターとして結実させていた。

この「バーニング」では、より切実な、光の導入がある。主人公ジョンスの顔に、瞳に、向かい側のビルディングから差し込む光が、象徴的に、そして、あくまでもリアルに、画面に楔を打ち込む。そうして展開していく物語は、格差や恋情、卑屈と愉悦などが、ごちゃごちゃにシェイクされ、破格のアマルガム（混合物）として、提示される。

若者を、現代を、まるごと見据えるまなざしは、驚くべき最前線を疾走しており、これまでのフィルモグラフィのどれにも似ていない先鋭性がある。原作は、村上春樹の短編「納屋を焼く」。村上春樹の小説には、内外の監督たちが挑んでいるが、春樹作品をここまで鋭く削りあげた作り手はかつていなかった。

イ・チャンドンは、光で対象を研ぎ澄ませる稀有な作家なのだ。いま、到着した光。待ち続けた甲斐のある「バーニング」について訊いた。

――久しぶりの映画が、「バーニング 劇場版」となったのは、なぜですか。

この映画を作った理由ですか？ 「ポエトリー アグネスの詩」以来、8年という時間がかかりました。それまで遊んでいたわけではありません。これから自分の物語を書こうとする小説家志望の主人公ジョンスのように、果たしてどんな作品で観客とコミュニケートすれば良いのか、考えていました。わたしにとってそれは最も深刻な悩みでした。多くの人たちが意味があると感じるかもしれないプロジェクトのオファーを受けることがあっても、全然惹かれなかったのです。これは、わたしが必ずやるべきことなのだろうか？ 自問自答した挙句、結局、棚上げにした企画もあります。そのような状況でようやく「納屋を焼く」に出逢い、「バーニング」を演出することになりました。観客に以前とは違う、映画的体験をしてもらいたいと思っていました。「納屋を焼く」は、そのための、ちょうどいい素材だったのです。

——新しい映画的体験とは、どのようなことでしょう。

見やすい映画を観客が望み、作り手がそれに応える現代の流れに逆行したいと思いました。生きること＝人生とは何か。世界とは何か。それを問いかけて、自分なりに推察して、考えてほしいという想いがありました。映画を通して観客の皆さんに新しい経験をしてほしい。新しい問いかけを受けとめてほしい。

——あなたは文学者でもある。あなたの創作はまず、小説から出発しています。あなたにとって、村上春樹はどのような小説家に感じられますか。

村上春樹は新しい文学です。表向きにはとても洗練されていて、自由な世界を描いているように見える。しかしそれは、非常に複雑になり曖昧模糊とした世界に対応するための必然だったと考えられます。

——物語そのものより、そうした村上春樹ならではのパースペクティブが、「バーニング」という映画の特色に反映されている気がします。

叙事に寄り添っていくのではなく、少し後ろにひいて客観的に考えるように導いていくのは、この映画の無視できない機能だと思います。「バーニング」には、叙事とは何か、というミステリーも一緒に溶け込んでいます。そうした主題を説明しなくても感じることができる作品になるかもしれないと思いました。なぜなら、これは、構造的にミステリーのパズルがぴったり合わない、曖昧な映画だからです。

——曖昧さは、この映画の本質かもしれません。

答えというものは、ある。わたしたちはそう感じながら生きてきた世代です。政治の問題であれ、階級の問題であれ、さまざまな矛盾はある。しかし、そうした矛盾は解決できると信じていました。つまり、何らかの答えはあるのだと。しかし、いまの時代は、そのようにはいかない。そもそも、何が問題なのかわからなくなってしまいました。わたしたちの世代のように、政治や階級というはっきりした問題点が見えなくなってしまった。その一方で、世界は大変便利になり、綺麗になり、洗練されています。だから、より、物事が見えにくくなっているのだと思います。

――あなたは21世紀の映画作家なのだと強く感じます。自分たちの世代の倫理を現代に当てはめるのではなく、現代の現実を見据え、それと真摯に対峙している。果敢な姿勢が、さらなる映画の可能性を感じさせてくれます。

若者たちのポジションが、だんだん小さくなり、彼ら自身ができると思うこともなくなったのではないでしょうか。いっときは、怒りが何かを解決できると思う。しかし、怒りが何かを変えることはない。そして、そもそも怒りの対象がなかったことに無力感をおぼえる。これが、ひとつのミステリー。この、怒りの対象が明確に見出せないということが、さらに大きな怒りに繋がっていくのです。

――曖昧さと、怒り。このふたつの混沌が、非常にイマジネイティヴなラストシーンにたどり着きます。

裸でどこかへ向かう―あれは、わたしなりの〝開かれた結末〟のつもりです。この世に生まれたままの身体で、何かを怖がる複雑な感情を抱え、旅立っていく。映画を観たひとそれぞれに解釈してほしいのです。

――あの比類なき説得力は、主演ユ・アインの演技表現によるところも大きいですね。

ユ・アインは全面的にわたしの要求を受け入れてくれました。ジョンスは何かを表現したりする人間ではありません。彼は何も表現しないのです。これは俳優にとって難しい役です。役者はパフォーマンスを披露すべきという強迫観念を持っているものですからね。「バーニング」のジョンスは、パフォーマンスそのものが存在しないキャラクター。だから、非常に難しい。しかし、ユ・アインはジョンスそのものでした。

――スティーブン・ユァンもまた、マージナルなミステリーの中核を担う、底なしの魅力を放っています。

ベンのキャラクターは説明しにくい。彼こそが曖昧さの対象であり、ミステリーそのもの。このことも、たとえ頭では理解できても、身体で役の真理を感じるのは難しい。スティーブン・ユァンは最初からわかってくれました。韓国系アメリカ人俳優として大変な苦労をして成功しているからでしょうか。ベンの微妙さを、繊細に演じてくれました。彼は、どん底の虚しさを内面化しています。

――序盤で、ヒロインのシン・ヘミがパントマイムを披露しつつ、そのコツについて語ります。〝『ない』ということを忘れることが大事だ〟と。最も重要なことがここで発語され、また実現されていたように思います。

ええ。『ある』ということを信じるのではなく、『ない』ということを忘れることが大事だと。これはパントマイムについての話ではあるのですが、わたしたちが生きていく人生の大切な問題を語ることにもなるのではないかと思いました。普段は目に見えるものだけを受け入れて生きているわけですが、目に見えないものも受け入れるということ。『忘れろ』ということではなく、『ない』ということを忘れるということがいかに切実なことなのだと考えていければ、とても健全な人生に至るのではないかと思いました。それが芸術の領域であっても、信じることの領域であっても、愛や希望の領域であっても、とても必要なことではないかと思いました。この映画は、スリラーの枠を持ってはいますが、目に見えるものと目に見えないものの境界線にある秘密やミステリーを描いている映画とも言えます。3人の登場人物の中で唯一の女性であるヘミだけが、そのような気持ちを持って主体的に生きている。それを見せたいと思いました。ヘミはとても辛い人生を送っていますが、主体的に生きています。真の自由を得ようとしています。ふたりの男は空虚感を抱えていますが、ヘミだけは人生の意味を探しています。人生の真の美しさを求めている。

イ・チャンドン

1954年生まれ。1997年に「グリーンフィッシュ」を製作、監督デビューを果たす。監督・脚本を手掛けた2作目、「ペパーミント・キャンディー」（99）は、NHKとの共同製作作品で、98年秋に韓国において日本映画が部分解禁されて以降最初の日韓合作となった。「オアシス」（02）は、第59回ヴェネチア国際映画祭で監督賞に輝く。2007年、5年ぶりとなる新作「シークレット・サンシャイン」を発表。第60回カンヌ国際映画祭コンペティション部門に出品され、チョン・ドヨンに主演女優賞をもたらした。「ポエトリー アグネスの詩」（10）は、第63回カンヌ国際映画祭で脚本賞を受賞。2018年、「バーニング 劇場版」を発表。

1997　グリーンフィッシュ
1999　ペパーミント・キャンディー
2002　オアシス
2007　シークレット・サンシャイン
2010　ポエトリー アグネスの詩
2018　バーニング 劇場版

映画と文学の交差点

〜村上春樹ライブラリー

文——佐藤結

早稲田大学の一角に2021年10月1日にオープンした国際文学館（村上春樹ライブラリー）。同大学の卒業生である村上春樹が作品原稿をはじめとする資料を寄託、寄贈したのを契機に作られたこの施設の案内用のパンフレットには「『村上春樹文学』研究とともに、『国際文学』『翻訳文学』の研究拠点となることを志向しています」と書かれている。建物は地上2階、地下1階建で、村上春樹の書斎を再現したコーナーや、彼の著作を自由に読むことのできるギャラリーラウンジなどが設けられている。建物の中心部には『この館の象徴となる場所』と位置付けられた階段本棚があり、村上作品から縦横無尽に繋がっていく様々なジャンルの本が置かれている。

正面入口のある1階から地下1階に向かって階段を降りていくと、右側に『現在から未来に繋ぎたい世界文学作品』の棚がある。「変容し続ける『世界文学』を考えるための本棚です。日に日に定義が変わり続ける文学の流れ。様々なジャンルでそれを俯瞰している方々から、推薦いただきました」との説明に続き、小説家の川上未映子、小説家、劇作家の古川日出男、翻訳家の柴田元幸、マレーシアの翻訳家である葉蕙、中国の研究者・翻訳家の施小煒、イギリスの小説家デイヴィッド・ミッチェル、アメリカの小説家ブライアン・ワシントン、編集者のデボラ・トリーズマン、ポーランドの翻訳家アンナ・ジェリンスカ＝エリオットによって選ばれた本が、短いコメントと共に並べられている。

そして、韓国からは、映画監督のイ・チャンドンがフランツ・カフカの「審判」、ウィリアム・フォークナーの「響きと怒り」、J・D・サリンジャーの「ナイン・ストーリーズ」、レイモンド・カーヴァーの「大聖堂」、フィリップ・ロスの「アメリカン・パストラル」という5つの作品を紹介している。

1954年生まれのイ・チャンドンは、大学卒業後、高校の国語の教師をしていた83年に小説家としてデビュー。以後、約10年にわたって作品を発表していたが、『小説家としての限界、人間としての限界を感じ』て活動を休止。そんなときに友人であったパク・グァンス監督から映画の脚本を書かないかと誘われたことをきっかけに映画界に足を踏み入れた人物だ。近年、多くの小説が翻訳されて人気を博している韓国から、小説家ではなく映画監督が推薦者としてただ一人選ばれていることに一瞬、驚いたが、村上春樹の短編「納屋を焼く」を「バーニング 劇場版」(18)として映画化した縁に加え、これまでイ・チャンドンが手掛けてきた作品を振り返れば、彼が常に文学を頭に置きながら映画を撮ってきたことに気づかされる。そんな彼が推薦する作品はいずれも名作揃いで(残念ながら「アメリカン・パストラル」は邦訳が出ていないため未確認)、それ自体を評するのは私の手に余るが、それぞれの小説とその作者たちについて簡潔に記したイ・チャンドンの言葉には、彼の映画作りの本質に迫るヒントが隠されているように思える。ここでは、そんな彼の言葉をエピグラフのように配し、これまでに行われたインタビューでの発言を振り返りながら、その作品世界について考えていきたい。

Ⅰ　作家の誕生

フランツ・カフカ「審判」

『20世紀以降の作家たちは皆カフカのDNAを継承しています。カフカは「審判」を未完で残しましたが、今でも多くの作家が自分の作品の中で、その結末を書いているのです』

前述したように、イ・チャンドンは、『撮る』よりも先に『書く』ことを始めた。2004年に小説家のチョ・

ソンヒが行ったインタビューで『あなたは何によって作家となったのでしょうか?』と聞かれた彼は「寂しさです。10代の前半からすでに自分では作家だと思っていて、小説も書いていました。寂しいから、現実とコミュニケーションが取れないからだったと思います。今もその情緒や心理状態がほとんど変わっていないようです」と答えている。しかし、87年の民主化達成後、ほどなく冷戦の終わりに直面した韓国社会では、それまで芸術家たちが作品作りの根幹に置いていた『理想』や『人間らしさ』、『純粋さ』といった言葉が一気に古臭い絵空事となってしまったという。イ・チャンドンは当時を振り返り、『とても虚しかった。それまで私たちが(作品作りを通して)悩んできた価値の有効期間が過ぎたわけでもなく、韓国社会がそうした問題を解決したわけでもないのに……。だから書くのが嫌になった』と語っている。

そんな時期にパク・グァンス監督の「あの島へ行きたい」(93)の脚本を手伝うことになり、同時に助監督として撮影現場で働き始める。もちろん、それ以前からイ・チャンドンは『1人で書かなければならない文章とは違って、誰かと一緒に作業するという点が魅力的な』映画をやってみたいという気持ちを持っていた。また、旅行の途中で海外の映画祭に立ち寄った際に、多くの人が韓国映画について話していることに驚き、「国境を越えるような普遍性を獲得するという点では、映画というメディアの方が文学よりもはるかに容易だと感じた」とも話している。

『あまりにも自分の人生や生き方がみじめに思えて、自分自身に罰を与えてみたい」という気持ちで入った「あの島へ行きたい』の現場では、脚本を書く才能が認められたのはもちろん、その熱心な働きぶりでスタッフや俳優たちを感動させ、彼ら彼女らの後押しで、第1作「グリーンフィッシュ」を監督することになる。小説家として一度は挫折したイ・チャンドンの映画作家としての第2章がこのとき、始まった。

Ⅱ　平凡でみすぼらしい日常生活の意味

レイモンド・カーヴァー「大聖堂」

『カーヴァーはチェーホフの真の後継者であり、平凡でみすぼらしい日常生活の意味を見つける必要があることの時代のすべての作家たちにとっての助言者でもあるのです』

イ・チャンドンは、97年の「グリーンフィッシュ」から18年の「バーニング 劇場版」まで、これまで6本の長編作品を発表している。そして、その全てにおいて、『平凡でみすぼらしい日常生活の意味』を問い続けている。こうした姿勢は小説家時代から変わっていないようで、00年に映画雑誌『シネ21』が行ったインタビューでも『1人の人間が、人間としての尊厳をどのように守るかが、私がずっとしがみ付いてきたテーマだった。（将来への）対策も出口もないような、情けない普通の人々が自分の存在を主張できるとするなら、その根拠は何かということだ』と述べている。

また、02年に私が取材をした際には、デビュー作の「グリーンフィッシュ」を撮るまで他の映画を観ながら『韓国映画なのに、なぜ、本当の韓国人の生き方とこんなに違うのだろう』と思い続けていたと語り、『（自分は）可能な限り、ありのままの韓国の人たちの生き方、実際の韓国人の日常に近づくように努力して撮りたいと思った』と話してくれた。一家の末っ子である主人公が韓国人男性の義務である兵役を終えて家に帰る場面から始まる「グリーンフィッシュ」は、恐ろしいスピードで開発が進むソウル近郊を舞台に、『食堂でも営みながら家族揃って暮らしたい』という、彼のささやかな夢が残酷な形で実現されるまでを描いていく。『ヤクザのボスの情婦に恋したことで破滅していく若い男』という、典型的なストーリーの最後に、どんなに悲惨な出来事が起きても続いていく日常生活の揺るぎなさの印象が鮮烈に残る作品だった。第3作の「オアシス」（02）では、コミュニケーションや愛を阻む偏見の中でも最も強力な『外見の醜さに対する偏見』を取り上げた。前科者の男性ジョンドゥと脳性麻痺の女性コンジュの恋は、周りの誰からも理解されないが、そのことが逆に周りの人々の〝醜さ〟を強く伝えた。さらに、第4作の「シークレット・サンシャイン」（07）では、とてつもない悲劇に見舞われた主人公シネが『平凡でみすぼらしい日常生活の意味』を神（＝天）に向かって問い続けた。

Ⅲ　魂の救済

ウィリアム・フォークナーの「響きと怒り」

『フォークナーは文学が人間の魂を痛みから救済することができると信じ、この小説を書きました。人間の内面のように難解ですが、不滅の美しさを持った小説です』

民主化を要求するデモを敢行した学生や市民を戒厳軍が武力で鎮圧し、多くの死傷者を生んだ1980年5月の光州民主化抗争（光州事件）は、現在に至るまで韓国社会の大きな痛みとして残る歴史的な出来事だ。そのため、多くの文学作品のモチーフとなってきただけでなく、96年の「つぼみ」、「光州5・18」（07）、「タクシー運転手 約束は海を越えて」（17）などの映画も作られてきた。人生に絶望した主人公ヨンホの歩みを、時間を遡りながら見せるイ・チャンドンの第2作「ペパーミント・キャンディー」（99）では、鎮圧軍の一員として光州に向かった彼が、罪のない若い女性だけでなく自らの魂をも殺してしまう。00年のインタビューでインタビューアーから『光州について、流行のように〝解決〟や〝治癒〟という面から語った時代もあった。ところが「ペパーミント・キャンディー」を観ると根源的に治癒不可能な傷のように見える』と水を向けられたイ・チャンドンは、85年に5歳だった息子を交通事故で亡くした経験を振り返り「『胸が痛い』という表現が比喩ではないということをそのとき知った。1年間笑えなかった。多くの人が慰め、一緒に泣いてくれた人もいたが、私は知ることができた。誰も私の苦痛を感じることはできないと。仕方のないことだ」と語っている。そして『光州を治癒すること、理解すること、すべて不可能だ。その傷を抱えて生きていくしかない』と続けている。

また、「シークレット・サンシャイン」について07年に「シネ21」が行ったインタビューでは、『重要なのは苦痛だ。その苦痛が何の事件から始まったのかということはあまり重要ではない』とも話している。

ここでフォークナーについて一言付け加えると、「バーニング」には、小説家志望の主人公ジョンスが好きな作家を問われて『フォークナー』と答える場面がある。これは原作「納屋を焼く」で女友達を迎えにいった主人公がフォークナーの短篇集を読んでいるという描写を受けてのものと思われるが、映画の中ではさらに、ジョンスの幼なじみヘミの謎めいた男友達がカフェで読んでいる本として、フォークナーの短篇集が登場している。

Ⅳ　地獄を抱きながら聞く天の声

「ナイン・ストーリーズ」サリンジャー
『サリンジャーは胸に地獄を抱きながら天の声を伝えようとした作家です。九編の短編小説は全て奇妙に美しく、中でも「エズメに――愛と悲惨をこめて」は、短編小説が成し得る最高の美しさであると断言できるでしょう』

苦痛を抱えた登場人物たちに、安易な『救い』を与えないイ・チャンドンの映画では、ふとしたときに現れる『光』が、彼ら彼女らの人生をほんの一瞬、照らし出す。「オアシス」では、容易に部屋から出ることのできない女性主人公コンジュが、壁に映った木の影に怯え、そのことを知った恋人ジョンドゥが、なんとか影を消そうと必死で努力する。

さらに『韓国の典型的な小都市』密陽（ミリャン）で撮影された「シークレット・サンシャイン」は、街の名前からとったタイトル（原題）で、光（陽光）が大きな意味を持つ映画であるとはっきりと宣言している。08年に取材した際、そのことについて質問した私にイ・チャンドンは「この映画での陽射しは、本質的にとても重要だった。私たちの人生そのものが陽の光によって作られていると言えるのではないだろうか。東洋的世界感と言えるかもしれないが、私たちの人生は陰と陽によって作られている。そして、そもそも映画は光を映し出すメディアで、光をどう描くかによって映画そのものが変わってしまう。光を操作すれば現実を逸脱するイメージを出せるし、ありのままに見せようとすれば、現実に近づける。内容的にも、私たちの人生の秘密を暴き出すような、存在さえ気づかないけれども人生を支えてくれるような、謎めいた光というものを感じてほしかった」と答えた。

第5作「ポエトリー アグネスの詩」(10)では、中学生である孫とその友人たちが性的な暴行を加えた女子生徒の死を知った主人公ミジャが、他の保護者たちに促され、示談の交渉のために被害者の母親に会いに行くという、最も苦痛に満ちた瞬間に、思わず足を止めてしまうほど美しい木漏れ日が差す。また、「バーニング」では、主人公ジョンスを自宅に連れていった幼なじみヘミが、自分の部屋は日当たりが悪いけれど、1日に1回だけ日が差すと話し、その後、ジョンスは、彼女とセックスをしながらその光に目を止める。さらにこの映画では、夕暮れの時間も美しくとらえられているが、後にそれは光から闇へと変化する前の、後戻りのできない奇跡のような瞬間だったことがわかってくる。

V 再び文学の方へ

教師、小説家という職業を経て、40歳を過ぎてから映画監督となったイ・チャンドンは、文学という補助線を常に意識しながら『映画とは何か?』という問いを投げかけてきた。『詩』という、そのものずばりの原題を持つ「ポエトリー アグネスの詩」以降、その姿勢は一層、鮮明になってきているように思える。同作を制作中の09年に行われたインタビューでは「『詩とは何か?』という質問は、『全ての芸術とは何か?』という質問でもある。『映画に何ができるのか?』、『私たちはなぜ映画を作ろうとするのか?』と尋ねる質問と言ってもよいだろう。この映画には詩を書く人が出てくるが、(彼女が『詩とは何か?』と問いかけるとき、それは)映画を作る自分自身に対する質問なのだ」と話している。

また、同じインタビューの中で、詩という文学形式を映画の中に登場させたことについて「詩が映画より普遍的だという意味ではないが、人生における美しさとは何か、人生の意味とは何かと問う時、このようなことすべてを含めて『詩』だと言うことができるだろう。そのような理由で詩を選んだ。人生におけるひとつの視角。現実的または世俗的でない何か。それが何であるかはよくわからないから、私たちは詩と呼ぶ」と説明している。

『村上春樹の原作を映像化する』というプロジェクトの1本として始まった「バーニング」では、『映画とは何か？』という問いに、また別のやり方で迫っている。韓国で翻訳されている90ほどの短編作品の中から『社会的な要素が薄く』『ミステリーを主軸にした物語でありながら結末が明確ではない』という点で「納屋を焼く」を映画化することを決めたということだが、私は主人公の女友達が行う『蜜柑むき』（ないはずの蜜柑をまるで食べているかのように見せるパントマイム）こそが、決定的に重要だったのではないかと考えている。それというのも、イ・チャンドンはこの映画で『見えないものをどう表現するか』ということに挑んでいるからだ。

このことは今年の全州（チョンジュ）国際映画祭で行われた彼のレトロスペクティブが『イ・チャンドン：見えないものの真実』と題されたこととも響き合っている。旧作に加え、WHOからの委嘱を受けて制作された初の短編『心臓の音』が上映された映画祭期間中の4月30日にマスタークラスを行ったイ・チャンドンはその席で『映画は（カメラで捉えた）一部のみを見せるメディアなので、見えていないものを忘却させる。一方で、見えないものに対する想像をかき立て、それについてさらに多くのことを考えられるようにすることもできる。私は後者を信じている。見えないことを悟らせ、考えさせるのが映画というメディアの本質だ』と語っている。この発言は「納屋を焼く」で主人公の女友達が口にし、「バーニング」でもそのまま使われていた『蜜柑があると思い込むんじゃなくて、そこに蜜柑がないことを忘れればいいのよ』というセリフにもどこか通じている（意味として逆であるにもかかわらず）。「バーニング」ではそれに加え、決して姿を現さない猫や、幼なじみヘミが子供の頃に落ちたという井戸、必死に見張っていたはずなのに燃やされてしまったビニールハウスという『見えないもの』が主人公ジョンスを翻弄する。そして、映画を観る私たちに対して、『あなたたちは今、何を見ているのか（あるいは、いないのか）』という問いを投げかけ続ける。

「私にとって映画は、本質的に偶然性を捉える作業だ」と考えるイ・チャンドンは前述したマスタークラスで、撮影現場では周到に準備をして臨んだ上で「準備していない、予定されていないことが現れるのを待つ。それは、私の予想を超える俳優の意外な姿かもしれないし、光や自然、通り過ぎる人々の姿、または『持つ』という直観によって計画と違う形で写ってしまった〝何か〟もしれない」と吐露し、そんな彼の態度を撮影現場のスタッフたちは理解できないと苦笑いを見せた。スタッフや俳優の苦労には同情を禁じ得ない逸話だが、そうして待ち続けた末に「写ってしまったもの」が私たちを魅了してきたことは間違いない。

詩を書こうとする女性の物語だった「ポエトリー アグネスの詩」に続き、「バーニング」では、主人公が小説家を目指している。原作でも小説家という設定だが、映画の方のジョンスは年若く、いまだ一作も書けていない。そして、そのことが、幼なじみヘミの男友達として現れたベンとの圧倒的な経済格差を際立たせ、ベンが口にした『ビニールハウスを燃やす』というイメージに対する極端な執着へと繋がっていく。ジョンスの『燃やしてしまいたい』という欲望と炎のイメージは、イ・チャンドンが手掛けた小説として唯一日本語で読める短編「焼紙」とも奇妙に重なる。87年に書かれたこの小説では、朝鮮戦争中に〝アカ〟として警察に連行されたまま行方不明となった夫を待ち続けた高齢の女性が、息子が持っていたビラ（政治的な主張が書かれていると推測される）を燃やす姿が、死んでしまったであろう夫の冥福を祈る炎のようにも見える。映画監督デビューから25年が経ち、イ・チャンドンがもう一度、文学の方へ近づいてきたと考えるのは行き過ぎだろうか。

「私のように80年代に文章を書いた人間は、現実をどのように変えることができるか、人々が人生に希望を見いだすために自分の小説がどれだけの役割を果たすことができるかということを、悩まずにはいられなかった。そうした中で感じた『コミュニケーションがとりたい』という欲求が内面化され、ある意味ではより強くなった。そのため映画監督になり、このような人生を生きることになったが、監督としての人生は単純に言えばファッション雑誌のグラビアのようだ。紙質がとてもよくて華やかだが、その紙を何か他のことに使うのは少し難しい。鼻をかむこともできないし……。この業界の暮らしというもの自体がそういうものかもしれない。今日のこのような席もそのひとつだが、サインをして、レッドカーペットを踏んでも、それが空しくなるかもしれない。誰かと心からコミュニケーションが図りたい人にとっては、このような空虚は毒薬になりかねない」

自身のフィルモグラフィーを称える全州国際映画祭のマスタークラスの終盤で、こんな言葉を口にしたイ・チャンドン。人生の本質が苦痛であることを見定めながら、それでもなお、その中にあるわずかな希望を探す彼は『人生の意味を問い続ける』という意味で、一貫して〝詩人〟であり続けてきたと言えるかもしれない。

最後に日本語では読めないものの、イ・チャンドンが5作の中に入れた「アメリカン・パストラル」への推薦文を置いて、このエッセーを終わりにしたい。

フィリップ・ロス「アメリカン・パストラル」

『個人の欲望、弱さ、アイデンティティから政治、経済、歴史までを網羅し、文字通り全体を通して描かれる、この時代の偉大な悲劇です』

参考文献
「イ・チャンドンインタビュー」1997・1・29「連合ニュース」
「イ・チャンドンに会う」2000・1・4「シネ21」
「小説家チョ・ソンヒ、長官から監督に戻ったイ・チャンドンと会う」2004・12・14「シネ21」
「イ・チャンドン監督、映画評論家ホ・ムニョン対談」2007・5・15「シネ21」
「イ・チャンドンインタビュー」「キネマ旬報」2008年6月下旬特別号
「気になるこの監督の新作　イ・チャンドン監督の『ポエトリー アグネスの詩』」2009・1・6「シネ21」
「巨匠イ・チャンドン監督が明かす、村上春樹原作『バーニング 劇場版』を読み解くヒントとは？」「MOVIE WALKER PRESS」2019・2・1
「『心臓の音』マスタークラス」2022・4・30（全州国際映画祭公式 YouTube チャンネル）
イ・チャンドン「焼紙」『現代韓国短篇選（下）』岩波書店

全州国際映画祭リポート「イ・チャンドンとは何か？」

文——チョン・ウンスク

久しぶりに我が国南西部の全州を訪れ、第23回全州国際映画祭の会場を歩いた。今回特に注目されたのが特別展「イ・チャンドン　見えないものの真実」だ。期間中、デビュー作「グリーンフィッシュ」（1997年）、「ペパーミント・キャンディー」（2000年）、「オアシス」（2002年）、「シークレット・サンシャイン」（2007年）、「ポエトリー　アグネスの詩」（2010年）、「バーニング　劇場版」（2018年）と、新作短編映画「心臓の音」（2022）に加え、アラン・マザール監督のドキュメンタリー映画「イ・チャンドン　アイロニーの芸術」（2022）が上映された。

今や世界的に知られる存在となったイ・チャンドンの世界について、会場で出会った来場者の話を聞きながら、時系列で振り返ってみよう。

「グリーンフィッシュ」1997年　ハン・ソッキュ主演

イ・チャンドン監督デビュー作の舞台は、都市開発が進む90年代の京畿道（ソウル周辺地域）一山と、ソウル西部の繁華街・永登浦。田園地帯だった一山が高層アパート群に変わっていくなかで裏社会に足を踏み入れた26歳のマクトン（ハン・ソッキュ）とその家族の変化を描いている。

「（都市開発が進み）ここに住んでいた人々はどこに行ったのか？　高層ビルの中へ消えたのか？『グリーンフィッシュ』の物語はそんな疑問から生まれました」（観客と対話するイ・チャンドン監督の言葉から）

テゴン（ムン・ソングン）「マクトン、おまえの夢は何だっけ？」

マクトン「小さな食堂でもやりながら、家族と一緒に暮らせたらいいですね」

（劇中のセリフ）

バラバラになった家族をひとつにまとめるためには裏社会でのし上がって金を稼ぐしかなかった。そのためにマクトンは人を殺め、精神が崩壊しそうになる。そんなときは実家に電話する。兄と思い出話をしながら、「覚えてる？　覚えてる？」と泣きながら問いかける姿が忘れられない。名優ハン・ソッキュの真骨頂が発揮された場面だ。

「私が住んでいる一山が舞台なので観てみたいと思いました。マクトンと卵売りの兄（チョン・ジニョン）がトラックで走る街並みは、私の家の近所なので見覚えがあります。マクトンがここに住んでいたかと思うと感慨深いです。『家族で食堂を経営するのが夢』と言っていたマクトンの願いが叶い、昔から一山を見つめていた柳の木の下で家族で食堂を切り盛りする姿が印象的でした。でも、マクトンがそこにいないのが切ないですね」

（Eさん　男性　大学3年生）

今回の特別展で驚いたのは、20代くらいの若い観客が多かったことだ。我が国の映画産業にはまだ夢と希望があるということだろうか。

「『ペパーミント・キャンディー』を最初に撮ることも考えましたが、商業性に乏しいので『グリーンフィッシュ』を先にしました。今も一山に行くと、この土地のどこかにマクトンが眠っているような気がして寂しくなります」

（観客と対話するイ・チャンドン監督の言葉から）

急激な都市化によって農村や家族が崩壊する物語。これは、栃木県宇都宮市を舞台とした日本映画「遠雷」（1981年、根岸吉太郎監督）にも通底する。家長不在。土地の売却。主人公（永島敏行）は真面目に農業を続けるが、彼の分身ともいえる幼なじみ（ジョニー大倉）が道を踏み外してしまう。1981年と1997年の差は日本と韓国の経済成長の時期の違いそのものだ。

気が付かない人も多いのだが、この映画には若きソン・ガンホがチンピラヤクザ役で出演していて、二度三度とマクトンと対峙する。90年代のトップ俳優と2000年代のトップ俳優、夢の競演である。

「ペパーミント・キャンディー」2000年　ソル・ギョング主演

「鉄橋の線路に立ち、向かってくる列車に「帰りたい！」と叫ぶヨンホ（ソル・ギョング）の声と表情が忘れられません。イ・チャンドン監督の映画はエンドロールが終わっても劇終とはなりません。余韻が続き、いつまでも考えさせられます」

（映画祭会場で出会ったKさん　女性　50代）

「見えないものを見せる、感じさせるのが映画の役割です。見えないものを見せるためにはどうしたらよいか、いつも苦悩しています」

（観客と対話するイ・チャンドン監督の言葉から）

これぞイ・チャンドン監督の映画観だ。私は２０００年1月、ソウル東部のシネコンでこの映画を観た。監督の人生にもっとも大きな影響を与えたという１９８０年の光州民主化運動をはじめとする現代史の悲劇を主人公キム・ヨンホの人生に投影した物語だ。現在から過去を６パートに分けて遡っていく展開で、各パートの冒頭に列車が走るシーンの逆回しが印象的だった。

「映画の始まりと終わりが同じ場所なんですよね。最後の6パート目、79年のピクニックの場面。二十歳のヨンホがスニム（ムン・ソリ）に、『ここは初めてなのに、来たことがあるような気がする』と言う場面が印象に残っています。ヨンホは私と同世代なので、彼が屈折していく過程などは共感できる部分が多かったのですが、彼の人生に現代史のすべてを集約させていたので、ちょっと作為的過ぎる気もしました……」

（映画祭会場で出会ったCさん　男性　50代）

２０００年当時、我が国の映画産業は低迷していた。この映画は約3カ月の上映でソウルで31万人、全国で50万人を動員したので、業界に大きく貢献したといってよい。これにはファンクラブの存在が大きかった。俳優や監督ではなく「ペパーミント・キャンディー」そのものを愛する人たちが自発的に結成した前例のない会だ。メンバーにはこの映画を10回以上観た人もいるという。

「小説家時代は読者と心を通わせた実感は得られませんでしたが、『ペパーミント・キャンディー』でそれを初めて経験することができました。ファンクラブの発足には感謝しかありません」

（観客と対話するイ・チャンドン監督の言葉から）

「オアシス」2002年　ソル・ギョング主演

「ペパーミント・キャンディー」のソル・ギョングとムン・ソリ、二度目の共演だ。ソル・ギョングは兄の身代わりで交通死亡事故の加害者として前科者になったジョンドゥ役。ムン・ソリは脳性麻痺のコンジュ（姫）役。それぞれマジョリティから露骨に差別されるマイノリティを演じて話題になった。まさに「みなさんの目に見えているものだけが現実ではない」と、監督から突き付けられるような映画だ。

「イ・チャンドンほどキャラクター作りに注力する監督を知りません。この映画を見て、人物中心の演出がどれほど創造的な物語を作れるのか知ることができました。今まで見て見ぬふりをしていた社会不適応者と身障者について考えるようになり、彼らに対する偏見を自覚しました。いつも気づきをくれるイ・チャンドン映画が大好きです」

（映画祭会場で出会ったKさん　女性　20代）

高校の映画サークルを経て、大学の映画芸術科で演出を専攻している22歳のキムさんの言葉だ。彼女は映画の中の人物を分析することが大好きだとか。今後、自分がドキュメンタリー映画を作っていくうえで、イ・チャンドン監督の作品は生きた教科書だという。

「シークレット・サンシャイン」2007年　チョン・ドヨン主演

「『シークレット・サンシャイン』のテーマは『赦し』です。日本による植民地支配、朝鮮戦争、軍事独裁など、歴史的に赦しの問題は韓国人のメンタリティに影を落としています。そうした苦痛を与えた者をどう赦したらよいのかを描いた映画です」

（トークショーでのイ・チャンドン監督の言葉）

「さあ、どこから来たのかわかりません」

映画の冒頭。息子と二人でソウルから密陽にやってきたが、クルマが故障し、カーセンターに電話している主人公シネ（チョン・ドヨン）の言葉だ。映画の中のセリフやしぐさ、服装、セット、背景などにはすべてメタファー（暗喩）があるというが、このセリフにはどんなメタファーがあるのだろう。これには監督自身が明確な回答を示してくれた。

「『どこから来たのかわかりません』というセリフには、私たちの人生はどこから来てどこに行くのかわからないという本質的な疑問を提起しているのです」

（トークショーでのイ・チャンドン監督の言葉）

「イ・チャンドン監督の演出はあまりにもリアルで息苦しさを感じることも少なくないです。それでも観たくなるのですが……。『シークレット・サンシャイン』もそのひとつです。『夫も息子も失った。あなたならどうしますか?』と、シネに問われているような気がします。『神が私を赦したのです』という犯人の言葉に衝撃を受けたシネは信仰を捨てて神に復讐するんですね。姦淫しながら空を見つめるチョン・ドヨンの演技には胸を抉られました」

前出の演出専攻の大学生Kさんが言う。彼女はラストシーンで自らカットした髪の毛を照らす暖かい日差しが希望を表していると解釈する。監督の映画には悲劇的な物語が多いが、そこには希望や救いがあるという。それがイ・チャンドン監督作品の魅力だと。彼女の分析によると、人生における救いとは、田舎の手入れの行き届いていない庭のようなところでも見つけることができる。これが監督のメッセージに思えるのだという。

主演のチョン・ドヨンはこの作品で2007年のカンヌ国際映画祭・主演女優賞を受賞している。イ・チャンドン監督作品には主役脇役を問わず、名優と呼ばれる人たちが多く出演しているが、監督がトークショーで、「俳優がその役をものにできるまで私はじっくり待つので、演技が上手く見えるのだろう」と、本気とも冗談ともつかないことを笑いながら言っていたのが印象的だった。

「ポエトリー　アグネスの詩」2010年　ユン・ジョンヒ主演

「ポエトリー　アグネスの詩」は、世の中の美しいものに憧れて詩を学んでいた老女ミジャ（ユン・ジョンヒ）が、孫の犯した罪に苛まれながら感じた人生の省察を描く映画だ。

「イ・チャンドン監督は映画を観る者にあえて難解な事象を提示します。難解だからこそ考えるきっかけになる。それが監督の映画を見る大きな動機です」

（映画祭会場で出会ったPさん　男性　30代）

釜山からきたPさんは、監督の思惟を感じながら映画を見て、社会的に人文的に自分を成長させられることが幸せだと言う。

「メッセージを伝える監督だと思われがちですが、私はただ映画を観る人に問うだけ。答えを探すのは観る人の役目です。観客が劇場を出た瞬間に映画が終わるのではなく、その問いが心に残り、観客の人生と映画がつながることを感じてもらえたらうれしいです」

（トークショーでのイ・チャンドン監督の言葉）

「どうして？　なぜそんなことを？」

劇中、罪を犯した孫にミジャが叫ぶシーンと監督の問いかけが重なる。

監督は映画と観客の間に多くの障壁を設置する。『ポエトリー　アグネスの詩』はその障壁を乗り越えた観客とともに抱きしめたい映画だと監督は言う。「少し難しいかもしれないが、真心が伝われば観客と意志疎通できるだろう」と。

「京都のホテルの部屋でテレビを観ていたら、瞑想音楽をBGMに川で投網漁をする場面が映りました。それを見て詩を題材に映画を撮ってみようと思い立ったんです。物語の骨格は詩と女子中学生への暴行事件、そして主人公は認知症初期の女性にしようと」

（トークショーでのイ・チャンドン監督の言葉）

「バーニング　劇場版」２０１８年　ユ・アイン主演

「村上春樹の小説『納屋を焼く』を土台にしたシナリオだと聞き興味をもちました。噂通り、つかみどころのない映画でした。へミ（チョン・ジョンソ）はどこへ消えたのか？　殺されたのか？　自ら姿を消したのか？　その疑問は残ったままです。エンドロールが終わっても映画は終わらない。イ・チャンドン監督らしい映画でした。私も主要人物と同じ世代です。ジョンス（ユ・アイン）、へミ、ベン（スティーブン・ユアン）の３人のなかではジョンスに近いかもしれません。最近、複雑な世の中に対し自分の無力さを感じたりします。確かなことが何もない。曖昧な世の中に憤るジョンスの気持ちがわかるような気がします」

（映画祭会場で出会ったJさん　男性　20代）

20代後半のJさん（男性）は、「バーニング　劇場版」を鑑賞後、こう言った。

監督は雑誌のインタビューで、「ミステリーを通じて、観客に新しい映画体験をしてほしかった。消えたへミがどうなったかを探す単純なミステリーが、曖昧な世の中というもっと大きなミステリーに拡張されることを感じてほしかったのです」と、語っていた。

「心臓の音」２０２２年　キム・ゴンウ主演

特別展では４年ぶりの新作「心臓の音」が公開された。小学校の教室から飛び出した子供（キム・ゴンウ）

がどこかに向かって走り続ける。その子供の不安そうな表情と呼吸の乱れがスクリーンにいっぱいに映し出され、観客は息を飲む。

「25分間、少年といっしょに走ったような気持ちです。何が8歳の子供をあんなに走らせたのか、後でその理由が明らかになります。この展開の仕方がとても心に残りました。ちょっとしたことから何かが始まり、それが熱を帯びていって何かに至る構造です。とても濃厚な25分間でした」

（映画祭会場で出会ったYさん　男性　30代）

「母親の元へと急がねばならない少年の不安、心配、生への渇望、それが心臓の音に収れんされていました。少年の感情と心臓の音を観客にも共有してほしいです。それが現実や国境、階級を超える普遍的な感覚だと思います」

（観客と対話するイ・チャンドン監督の言葉から）

監督は子供の不安だけではなく、母を苦しめるものとその背景まで観客が共有することを願ったという。

本作はＷＨＯ（世界保健機構）が提案したあるテーマ（社会問題）を受け、各国の映画監督が撮るプロジェクトだが、イ・チャンドン監督は「いつもは時間がかかるのに、今回は早めに完成させることができた」と笑顔で語っていた。

アレン・マザース監督「イ・チャンドン　アイロニーの芸術」2022年

今回の映画祭ではイ・チャンドン監督を探求するドキュメンタリー映画も上映された。「ペパーミント・キャンディー」を観て感銘を受け、監督のファンになったフランスのアラン・マザール監督の作品である。

「イ・チャンドン監督作品と旅するロードムービーのようでした。映画だけでなく彼の小説の舞台も訪ね、監督自身がエピソードを聞かせてくれました。今まで知らなかった彼の個人的な話まで聞くことができ、イ・チャンドンの世界にさらに詳しくなれました。もう一度全作品を観直したくなりましたよ」

（映画祭会場で出会ったGさん　男性　40代）

このドキュメンタリー映画は「ペパーミント・キャンディー」のように時代を遡っていく構成だ。「バーニング　劇場版」の舞台であるソウルの厚岩洞や京畿道の坡州、デビュー作「グリーンフィッシュ」の舞台である一山や永登浦などを訪ね、監督自身が各作品の背景やポイントを説明してくれる。インタビューをあまり受けない人なので、ファンにはたまらない。出演した俳優たちのインタビューがボーナストラックのように入っているのもうれしい。

「5・18（光州民主化運動）当時、私は大学4年生でした。学校が閉鎖されていたので無気力になり、友達とのんきに花札をして過ごしていたんです。光州でどんなことが起きたのかを知ったのはずっと後のことでした。

まさにアイロニーの世界です」

（本作の中のイ・チャンドン監督の言葉）

「イ・チャンドン監督の映画は現実を直視する勇気を与えてくれます。そして、自分と社会のためにどんな道を選ぶべきかについて苦悶させられたり、内省させられたりします。それが人生を歩む力になる気がします」

（映画祭会場で出会ったCさん　男性　40代）

観客との対話でイ・チャンドン監督の言葉を直接聞いて意外だったのは、監督が鑑賞者を煙に巻くことなく、しっかり答え合わせをしてくれたことである。今後の再鑑賞と準備中の次作がますます楽しみになってきた。

取材協力：全州市観光拠点都市推進団、全羅北道国際協力課国際交流係

43　　　イ・チャンドン

論

イ・チャンドン　この崩壊する世界、寄りかかる支点

文――孫小寧

イ・チャンドン監督。映画史の試験で、もし彼についての設問があったら、あまりに易しすぎてボーナス問題となってしまうかもしれない。これまで彼が手がけた作品は6本。必死に覚えようとしなくても、自然にタイトルが浮かんでくる。その全てが名画として記憶に刻み付けられているとはいえないが、あらすじさえ読めば、それぞれの映画のイメージが現れる。彼の作品については、一度観ただけの一般的な映画鑑賞者であっても、即興で多少の感想は言えるはずだ。ただ、もっと何かが言いたいと考え始めると、彼の作品がそう単純なものではないことが無意識のうちに分かってくる。

これまで長い間、イ・チャンドン作品を鑑賞すると、言葉を失い、筆舌に尽くしがたい状況になってきた。2010年に「ポエトリー アグネスの詩」が公開されたとき、この状況はピークを迎えた。まるで理想から日常生活に押し込むような力、私はそう気付いた。ヒロインの老婦人は、詩人の心を持っているが、それを上手く表現できない。それこそが現実世界の我々ではないかと私は思った。先行きが見えない日常生活、瑣末な事から横やりを入れられる毎日、心の感情を、どうやって言語化することができるだろうか。できる訳がない。私は彼女と同じように只々悔しい。故に私は茫然としながらが答えを探す。こうして彼の作品を再び鑑賞するも、まったく収穫がないとは言うまい。イ・チャンドンの新作が公開されるときは、毎回、彼の前作への扉が同時に開く。それは、分かり合うという名の扉だ。長年至宝としたイ・チャンドンの名作、「ペパーミント・キャンディー」のように、時代、作品、および自分の人生、この3つの間を振り返りながら、前に掘りだして進めて行く。

映画監督の中には、スタイルをあからさまに出す人もいれば、巧妙に隠して簡単には気付かれないようにする人もいる。イ・チャンドンは後者に近い。ほぼ同時に中国の観客の前に現れたもう一人の韓国人監督キム・ギドクとは違う。キム監督はイラストレーターのような思考で、映像を中心にして物語を語る。創作の全盛期にあっては、先制攻撃のようなビジュアルインパクトが印象的だったが、こうしたやり方で映画を制作し続けていくと、物語と映像が乖離していくように感じられる。登場人物が環境に耽溺することによって距離感が生じ、一般の観客が彼の映画を理解することが難くなる。韓国の映画評論家は、キム・ギドク作品の登場人物は、一般の観客と相性が悪いと語った。それに対してイ・チャンドン監督は元々小説家ということもあり、彼の作品には観客が親しみやすい部分が多い。穏やかな物語を、細部を生かして映像化し、観衆の理解を求める。映画を韓国社会の窓とするのであれば、キム・ギドク作品よりもイ・チャンドン作品の方が確実に相応しいだろう。彼の作品は徐々に韓国の社会問題というテーマを越え、行き先が不可解になってきた我々の世界についても言及するようになった。故に観衆は劇中の人物たちに共鳴できる。なぜなら感情移入しやすいからだ。イ・チャンドン作品の登場人物たちからはキム・ギドク作品と同じく社会の片隅に生きる人々特有の匂いがする。そんな人々についての物語は微小すぎて語る必要もないはずなのに、観ているうちに彼らこそが普通の人々なのだなと、観衆たちは思う。彼らは我々と同じ生活の遭遇や困惑を体験し、当然、そこから前に進むための答えを探している。

イ・チャンドン作品において、スタイルはそれほど強く感じられない。それは、映像表現と物語のバランスが原因ではないだろうか。違和感なく、簡単に作品の世界に入り込める。実像はともかく、あるメタファーも感知できる。最新作「バーニング劇場版」では、このメタファーはより鮮明になった。「ポエトリーアグネスの詩」の鑑賞からおよそ10年、もう一度、彼の作品に直面したあの夜の鑑賞を、恐らく私は、決して忘れないだろう。物語はゆっくり引き裂かれ、登場人物たちの運命も引き裂いていく。真なる恐怖とはそういうことだろう。登場人物たちが置かれた状況を想像しながら、より激しく感情が動き、効果音は薄くて弱いが、まるで骨をたたいて骨髄を吸うような、恐怖。心は破れた太鼓の皮のように脆く、何かが破れた所から無限に堕ちて行く。そして雪のように消え去り、なにも聞こえなくなる。次の日の朝になっても、この感情がつきまとっていた。あれは幻想ではない。我々がいるこの世界だと思った。あのヒロインは、我々にとって不可視の淵に墜ち、そこから救う術もない。映画の最後でユ・アインが演じた小説家は観衆のための一撃を刺して、敵を討ったが、あのシーンの後味を吟味してみると、その会心の一撃は所詮、小説家の想像したことに過ぎないのかもしれない。なぜなら、未知の力に恵まれ、自由に生きて、軽々しく他人の存在と消失を決めるあの人は、そう簡単に死ぬわけがないからだ。これは私の個人的な判断だ。崩壊の力は、イ・チャンドン作品にずっと存在してきた。それは現実の進行に作用し、ある方向に押し込んで、共に墜ちてゆく。「バーニング劇場版」で私はもう一度この力を見た。しかも今回はより強い力だった。

一、橋で区切られる、遠くと近くの汽車の音

旧式の緑色の機関車に乗って帰省の途中、風が吹き、前の車両に乗る女性の赤いスカーフが主人公の顔に吹きつける。このような人物たちの運命の連鎖、および道具の使用は、１９９７年に公開したイ・チャンドン作

品「グリーンフィッシュ」、すなわちイ・チャンドンのグリーン三部作の第一部に現れた。今観るとノスタルジック感満載だ。なぜなら、このような旧式機関車が徐々になくなってしまっただけでなく、このような赤いスカーフは、中国の観衆を路遙先生の小説「人生」の時代に連れ戻すからだ。この機関車は、接続として「グリーンフィッシュ」に現れた。軍隊から戻ったマクトン（中訳：莫東）を、現実の変わってしまった時代と場所に連れ戻った。

機関車や鉄道というトポスは、三部作の第二部である「ペパーミント・キャンディー」において強化され、映画の中に繰り返し現れることによって、主人公の巻き戻しのような人生の七段落を接続した。トンネルから伸びていったレールは、より古い記憶に辿り着く。彼の作品の中で時代感覚が最も強い一本だ。1999年、1994年、1987年、1984年、そして1980年と1979年は、韓国人にとって重要な歴史的時期だ。多数の韓国映画では民主化運動、粛軍クーデター、全斗煥の改憲阻止、金融危機などを真正面から表現するが、イ・チャンドンは細部を描く。時代はただ薄く、背景として表現する。イ・チャンドンは主人公たちをより普通な人として、まるで時代の大事件にもまったく注意を払わないくらいの普通さで描く。しかし、時代の波がこの人たちに襲いかかるとき、彼らは一撃でも耐え切れない。特に何かの理由で社会から何年間にもわたって孤立させられたことがある主人公の男たち。原因は兵役や懲役など様々だが、彼らが再び社会に入ろうとするとき、その心は既に元あった場所から脱線してしまっているように見える。

古い時代に培われた純真さと正義感を持つ「グリーンフィッシュ」のマクトンは、汽車で一人の水商売女をチンピラたちから救った。彼の運命も故郷から大都会ソウルに持たれた。彼の目から見れば、新生活の始まりだが、観客の目には、新世界が掘った罠に彼が一歩踏み込んだように映った。組織の親分の女と恋に落ち、そして親分に利用されるという、香港映画の「上海グランド」のようなストーリー。なぜ凡庸作にならなかったのかという理由はよくわかる。イ・チャンドンはあの時代の変化の特徴を鋭く鷲掴みにし、マクトンのこと、彼の運命をなんとなく懸念する。映画の冒頭、マクトンが退役して実家に戻ったとき、家の前の古い木は以前のままだ。未舗装の道路の向こう側には畑が広がる。そして、映画の最後、マクトンが世を去った後、その木はまだそこに立つが、畑は既に高層ビルとなっている。未舗装の道路の側にある家は、彼の願った通りの食堂になって、家族も穏やかな生活を送っているように見える。だが、遠くから汽車の音が耳に届いたとき、レールの上を走っている車両は、もはや以前の緑色の機関車ではないと、ふと思った。退役したばかりのとき、マクトンは二番目の兄が卵を販売する車に同乗し、ある団地で商売をする。彼は周りを見ながら『ここは我々の土地だ』と感嘆した。この家族の運命、将来のことがこの場面で既に定められていたかもしれないと、想像するだけ恐怖を感じる。

『新』世界は金銭と資本で積み上げられた世界だ。マクトンが遭遇した段階は、まだまだ野蛮な刈り取り時期である。前に立ったらぶっ飛ばす、ギャングの殺し合い、力勝負だ。マクトンは退役軍人で、若くて体力と忠誠心を持ち、利用しやすい。しかし価値を搾り尽くしたらすぐに切り離される。マクトンはイ・チャンドン作品において最初に現実世界から『消された』人物である。もし、イ・チャンドン作品を順番に鑑賞したら、この『消された』過程が、はっきり見えるはずだ。

こうした壊滅への過程を同じくたどるのは、「ペパーミント・キャンディー」の主人公ヨンホだ。彼の世界は橋の上と橋の下、ふたつに分かれていた。橋の下には楽しいピクニック、橋の上には疾走する列車。この一匹狼のように絶望した男は橋の真ん中に立って、『戻りたい、帰りたい』と、彼の命の最後の叫び声を上げる。

「グリーンフィッシュ」の純粋なる男マクトンと違い、「ペパーミント・キャンディー」のヨンホは、浮き沈みの激しい人生を送る。工場勤務、兵士、警察官、そしてビジネスマン。初恋の人、妻、浮気、数回の引越し、最後は橋の下のビニールハウス、「バーニング 劇場版」のベンが勝手に焼き払ったビニールハウスに近いもの。社会において何回も起伏を経験した男、いくつものマイルストーンを組み込んで、イ・チャンドン式の時代の物語が語られていく。

マクトンとヨンホは、どうやってもこの『新』世界と相容れない。仕事の同僚たちにとって、彼らは好き勝手にすることを拒む存在、パーティーの邪魔者、根底から言えば道徳的に不安を感じさせる者。彼らが、成り行きで生きることができず、既定のレールを進んでいけない理由は、心の中にある純粋な物を、まだ大切にしているからだ。

二、悲劇は、キーアイテムが消えてから始まる

「グリーンフィッシュ」で、マクトンは親分のため人を殺す前に、汽車で出会った女の赤いスカーフをライタ

ーで焼いた。元々彼女の所に戻すつもりだったが、それはできなかった。「ペパーミント・キャンディー」のヨンホも同じく、犯人を訊問した後、初恋の女に会いに行くが、その時はもはや以前の自分ではない。故に彼は気にしてないふりをして、彼女からのプレゼントであるカメラを返した。彼らはその時、人生の中の純粋な部分を失った。壊滅行為への第一歩だ。

イ・チャンドン作品の登場人物たちは、観衆から慈しまれやすい。なぜなら、彼は登場人物たちに共感しやすい純粋なキーアイテムを与えたから。ペパーミントキャンディー、赤いスカーフ、そして「オアシス」の家の壁に掛けてあるオアシスの画。「グリーンフィッシュ」には緑色の魚があるはずだが、実際に登場はせず、マクトンが親分のために人を殺した後、兄との電話の中で言葉にしただけだった。任務を遂行した後、普通に言えばボスに報告するはずのタイミングで、マクトンは兄に電話した。この貧しい家庭で生活する兄、「オアシス」のヒロインのように、体が歪み、言葉をうまく喋ることのできない病気を持つ。しかし、久しぶりに再会したマクトンと兄は、楽しそうに交流する。彼にとって兄こそが家族の中で完全に信頼できる唯一の存在なのかもしれない。マクトンは兄との電話で子供の頃の思い出を話し、その中には緑色の魚のイメージがある。そして、同じく大きい橋と関連する。幼い頃、彼らは橋の下に緑色の魚を釣りに出かけたが、サンダルを落としてしまい、見つかるまで大変だったと話す。残りの命をカウントダウンしているとき、マクトンは当然、誰よりも分かっている。緑色の魚を求めたいが、サンダルの方がより根本的だ。しかし人々はより良い物を探すため、徐々に根本的な物を忘れたと、結局無駄に振り返る。「ペパーミント・キャンディー」のヨンホが叫ぶ『戻りたい、帰りたい』と同じだ。

イ・チャンドン作品に登場する、社会の底辺を生きる人物たちは、このような時代の流れ、疾走する列車によって、彼らが身に残していた僅かばかりの道徳感を踏みにじられる。そのことに嘆息させられる。

最初の二作品に苦痛が多すぎたせいか、イ・チャンドンはまるで観衆たちへの気遣いのように、三部作の最後として「オアシス」を発表し、グリーン三部作に終止符を打つ。この映画では、まるで橄欖（かんらん）の実のように純粋な愛情が観衆へ伝わる。主人公ジョンドゥは同じく隔離された時空から現実に戻るが、先天的に外部から影響されにくく、我儘な男だ。善良で純粋な彼は、刑務所から釈放されたとき、家族にすら連絡しなかった。真冬なのにシャツ一枚で街へ。あまりお金がないのに露店で母親のためコートを買う。就職先を決めてから、まず思いついたのは自分が起こした交通事故で亡くなった人の家族の家に見舞いに行くことだった。気がとがめるからだ。しかし、後に、この事故はジョンドゥの兄が起こし、彼が代わりに罪を引き受けたことがわかる。兄は家族持ちで就職もしているが、ジョンドゥは無職で前科があるため、罪をかぶる人物として最適だと選ばれたのだ。

後ろめたい気持ちは、関係のない二人を繋げ、そしてジョンドゥの家族との間に明確な境界線を描く。「後ろめたく思うんじゃねぇよ」、それはジョンドゥが被害者の家族であるコンジュと付き合っていることに気付いたときの、ジョンドゥの兄の反応だ。一方で、障害を持つ女コンジュの兄は彼女の資格を利用して新しい家に引越し、彼女を古い家に置き去った。罪悪感など一切ない。逆に、ジョンドゥとコンジュの男女の交わりを見た時、大げさで憤りが溢れるような態度を見せる。ジョンドゥから金を脅し取るつもりかもしれない。欲望の社会、欠けたモラル。一体どちらが障害者であるかすら、わからなくなる。イ・チャンドンがこの時代の道徳について懸念していることが分かる。ただ、この作品の最も輝く部分はやはり、社会の周辺に置かれた人同士のラブストーリーだ。ムン・ソリとソル・ギョングの演技力は、前作「ペパーミント・キャンディー」と比べても、より一層高まった。なぜなら俳優本来の姿がまったく見えないからだ。障害者の女を演じたムン・ソリは、幻覚のシーンでだけ本来の美麗さをアピールする。ラジオと折れた枝。ふたつの愛情の表象を、他人は読み解くことができないし、読み解きたくもない。通報を受け容疑者を確保しに行く警察官すら、証拠なしの有罪推定をする。正しいか間違いかは関係ない、彼ら二人には愛があれば十分だ。

私にとって、韓国映画はかつて身も心も楽しませてくれる映画の代名詞だ。美男美女が出演し、熱烈な恋に夢中にさせられる。これこそが韓国の映画監督の特長かと思う。しかし他人にとって奇形とも見える恋を深く表現することは、そう簡単ではない。「オアシス」の人物たちの感情の進み方は、とても繊細だ。まるで室内にある絵の上に映る、屋外の木の枝の影のように。取り調べ室から逃げ出した主人公ジョンドゥの表情には、何故か緊張感がみなぎる。そこには隠された言葉が埋まっているからだ。一人は、高い木に登るエクソシストとなって枝を切り落とし、もう一人は体を動かし、ラジオの音量を最大にして呼応する者。

御伽話のような「オアシス」は、映画史においても極めの一作といえる作品だ。独特の隠し言葉、俗に傾かないストーリー構成。空想のシーンを除いて、主人公の二人は周囲の環境に調和している。親戚たち、警察、隣人、レストランのオーナーといった人々からの差別や、冷遇、誤解。そして時折、遭遇する善意。こうした『一般人』たちの反応は、全て既定のルートだ。それに比べて、主人公たちは、またも脱線した存在だ。ただ、イ・チャンドンは、この映画のエンディングを御伽話のようにした。前二作とは真逆とも言える。他人と上手く交流できないジョンドゥが、道徳上も後ろめたいという地点にたどり着いたとき、逆にお互いを保護する鎧になった。愛があれば、愛を守れば、彼はずっとオアシスにいる。

三、『意義』こそ『秘密の日差し』

「シークレット・サンシャイン」および「ポエトリー アグネスの詩」について、これまで、それぞれひとつずつの文章を書いたことがある。なぜならこのふたつの作品の主人公は私と同じく女性であるため、彼女たちの遭遇や思考に共感しやすかったからだ。我々はキム・ギドク作品の女性より、イ・チャンドン作品の女性をより好む。いつもこのような比較をしてごめんなさい。野性味溢れるキム・ギドクの作品を、かつては好んでいたが、彼は存在主義の表現法で人物たちの行動を示し、理解されるかどうか気にしない。舞台上のある禁錮だと、一部の映画評論家はそう理解している。しかし、イ・チャンドン作品の人物たちは、仮に同じく舞台に現れたとしても、彼らはいつでも観衆を誘える。例えばある瞬間、客席に突入し観衆に問う。『君ならどうする？』と。

確かに、「シークレット・サンシャイン」と「ポエトリー アグネスの詩」の女性たちは、人生の中の一大事に遭遇し、そのことを他人に問うべき状況にある。一人は若くて優雅なピアノ講師、夫が世を去った後、ソウルからより小さな町、密陽へ引越し、新生活を始めようとしている。彼女は勝手に『密陽』という二文字の意味が「秘密の日差しが存在する場所」だと勘違いする。そして、思いがけず、旧知の人物が我が子を殺害するという事件に遭遇し大打撃を受ける。「ポエトリー アグネスの詩」の主人公は少女のような心を持つエレガントな老婦人ミジャ。孫を世話しながら詩の講座に通って、若い頃に持っていた詩人の心を再び取り戻そうとしていた。しかし、よりによって孫の通う中学校で強姦事件が発生し、その後、被害者である少女が川に入水自殺を図る。ミジャは自分の孫も、この事件に関わっていることを知るが、加害者である他の学生たちの家族や学校は事件に直面しようとせず、揉み消すために奔走する。

前者では、主人公が一体どうやってトラウマから脱出するのか、刑務所にいる犯人を許すことができるのかという問い。後者では、罪もない少女に致命傷を与えてしまった少年たちの家族は、この問題にどう直面するのか。そして、こうした状況で詩を書き続けることは、道徳に反するのかという問いが投げかけられる。

「シークレット・サンシャイン」の町の人々は、時代を反映し、土地の開発計画に熱心だ。また、「ポエトリー アグネスの詩」の孫は、親が大都市に出稼ぎに行っている間、家に取り残されている子供の一人だ。しかし、二人の女性の思考のポイントによって、現実に基づく問いは、「グリーンフィッシュ」のマクトンや「ペパーミント・キャンディー」のヨンホとは違う。『命って美しいか?』、ヨンホはそう問いかけた時点で、少しずつ人生の挫折から壊滅へと滑り込んだ。だが女たちは打撃を受けたとき、本能的に祈りや何かに帰依することを支えとして求める。そして、それはだんだん、他人との命との繋がりにまで広がる。もし男が『存在』のため生きるとすれば、女は『意義』のために生きる。これはイ・チャンドン作品が語る真実だ。「バーニング 劇場版」の若い女。物欲が強いように見えながら、アフリカ旅行で見たダンスを真似しながら、大きい飢餓（グレートハンガー）と小さい飢餓（リトルハンガー）の違いに繰り返し言及する。『小さい飢餓とは生理的な飢餓、大きい飢餓とは人生の意味を探すことに飢えていること』。「ポエトリー アグネスの詩」の老婦人は、なぜ尊敬すべき存在であると同時に、嘆かわしいのか。生活の難関に対して正直に直面するだけでなく、詩を作ろうとする中で体験し、探しに行って、他人の人生に入り込み、その苦痛を味わい、生命を詩にし、自分の道徳的な欠点を補う。「シークレット・サンシャイン」のピアノ講師の場合、実は神が示した許しに囚われ、その後の一連の行動は、『私さえ許したことないのに、主は既に許しただと?』という怒りに突き動かされているように見えるが、最終的には破滅から『生』を探す。

四、傷ついた世界を賛美せよ

つい最近、もう一度「シークレット・サンシャイン」を鑑賞し、ある事実に気付いた。主人公シネは、密陽が亡き夫の故郷だったためにソウルから引っ越すが、子供が事件に巻き込まれる前に、彼女が義理の母と交流するシーンはひとつもない。ただ一度だけの面会は、子供が亡くなった後、火葬場にて、義理の娘として、罵られた場面だ。明らかに夫の家族との関係はあまり良くない。義理の母が彼女と同じ町に住んでいるかどうかは置いといて、更に疑問となるのは、夫は彼女のことを愛したのかということだ。彼女の弟は率直に愛したことはないと言う。しかし、彼女は頑固に愛されたと信じる。性格や職業から言うと、ピアノ講師シネは素直でセンチメンタルな一面を持つ。自己暗示を習慣にして、一度成功したらそれを最後まで貫き通す。もし、この認知が崩れたらリバウンドも強烈だ。教会に加入したばかりにもかかわらず幸福感に溢れているように振る舞う彼女が、観客である我々には疑わしいと感じられる。そして、彼女が加害者を許す準備ができていると素朴に思ったとき、相手はまったく気にしていない様子を見せる。それ故に彼女は、その後、神に対して一連の反逆を始める。それは彼女の自己暗示の範囲内だ。万引き、薬剤師の夫である男性信者を誘惑し、また彼女を愛するキム社長に愛を示す。七つの大罪に対応する罪を犯すつもりで、最後は手首を切り、病院にまで運ばれる。

退院後、髪を切るために入った美容院で目の前に現れた美容師は、よりによって殺人犯の娘。シネは再び激怒し、店を飛び出す。その後、街で出会ったブティックのオーナーは、シネのアドバイスに従って店の色を変えたら、商売がうまくいって感謝していると話す。ついに一言『だからといって、何も言わず美容室から出ていっちゃダメじゃない』。よりによってこの一言が、彼女の心に響く。最後は自分で髪を切る。今回こそ正しく、もう一回やり直すという意味である。キム社長もその時到着し、彼女のためにちゃんと鏡を持つ。最後のシーンは、庭でカメラがゆっくりと鏡から地面に移動し、そこに雑草が生え、小さな水溜りに映る太陽の光。以前私が書いた文章では、このシーンでは彼女の運命が不確かだと思ったが、今回は、彼女は過去に起こった出来事について思考していると感じた。映画の前半で、キリスト教信者である薬剤師がシネを慰めるため神について釈明し、薬棚の一隅を指しながら言う『ほら見て、そこの日差しには、主の意思が含まれているのよ』。しかし、シネは納得できず、『ただの日差しじゃない。日差し以外何にもないよ』と言い返す。その時は『ない』と思ったが、途中で何度も巡り巡って、結局、『ある』と信じるようになったかについて、神と議論する必要はないかもしれない。ここは中国の詩文を引用する。『此中有真意、欲弁已忘言（ここには本質が存在する。そのことを解明しようと思ったが使うべき言葉を既に忘れていた）』。経験者こそ、生活という偉大なる導師をより一層信用している。

ピアノ講師から詩人、そして小説家。イ・チャンドンの三部作は、彼自身と同じく『創作者』である人物たちの人生を作品に移す。彼らは物事の進行を左右することができないが、一般人より理解力、観察力、表現力に優れている、故に自分の態度や力量をより強く示される。

空港での出迎えからカフェ、そして自宅前での集まりへ。イ・チャンドンは「バーニング劇場版」の主人公で小説家のジョンスのセルフ・アイデンティティを、幼なじみのヘミの恋人から親友へと一歩後退させ、さらに現場での傍観者へと変換した。それでありながら、まったく気まずく感じないのは、若きユ・アインの頼もしい演技による。一方、我々も彼と同じく認識していた、彼が小説家であるということを。小説家はこの世界の深層にある秘密を探知したい存在であると。そんな彼の面前に、エレガントで壮健なベンが、愛する女性によって押し出されることになった。『こんなに若いのに素敵すぎるじゃないか……』、これは小説家ジョンスの疑問であると同時に我々の疑問だ。小説家の存在とともに、我々はベンの世界に足を踏み入れることになる。非常に鮮明に、イ・チャンドンの世界は再び大きな一歩を踏み出した。過去の、力勝負で天下取りを中心とした世界は、既に深い谷へ消え去った。新しい世界は、見渡す限り、謎の力に支配されつつも、殺気を感じさせない柔らかな光に包まれている。暴力はただ雑談の中に現れる。2ヵ月に一度、用のないビニールハウスを焼き払うだけ、全ては楽しみのために。大きな騒ぎにもならず、警察もこのような些細なことを処理する暇はない。作品から垣間見えるベンの行動の論理は、寝言のように軽い。だからこそ私たちを限りなく恐怖に陥れる。しかし小説家は慌てることなく、理由を追っている。ついでにヘミが語った『幼い頃、井戸に落ちた』という話の真相も探求する。

もし、この映画でもう一度振り返りたくなるようなシーンを選ぶとしたら、ほとんどの人は夕暮れの中庭でヘミが裸になって踊る場面を選ぶだろう。まるで、この世の一瞬のように、美しく儚い。だが私は、小説家が彼女の部屋の中に座って執筆するシーンを心に留めたい。彼女は既に消えた。遠景にいる彼はただパソコンに向かって何かを書いている様子だが、言語こそが存在そのもの、意義そのものである。これは我々が不確かなこの世界に対して持ちうる、唯一の所有物と返答かもしれない。将来有望な若い小説家、命と詩を同時に完成した老婦人、イ・チャンドンのこの二作品は、はるか遠くから互いに呼応しているかのようだ。もうひとつの庭の中には、自分で髪を切るピアノの先生がいる。子供たちにどのような演奏を教えるのだろうか。何れにせよ、ポーランドの作家ザガエフスキーのあの詩を読ませてもらおう。『傷ついた世界を賛美せよ』。なぜなら、この美しい映像には、私たちの強さを証明するものが残っているのだから。

日本語翻訳：王也

川村元気、イ・チャンドンを語る。

そこには何かあるんです。
でも、その何かがわからない。
でも、その何かわからないものを
みんな観に行っている。
見えないけれど、そこにあるものが
映っている。

構成——相田冬二

――イ・チャンドンは、どのタイミングから？　勝手に川村さんとの隣接点も感じているのですか。

『長編映画を6本しか撮ってない。すごく寡作な監督ですよね。映画館で観た、ということで言えば「オアシス」が最初。2002年ですね。その前の「ペパーミント・キャンディー」はビデオで観ていたと思います。いちばん衝撃を受けたのは「シークレット・サンシャイン」。僕もベースがクリスチャンだったりするので。アジア人のクリスチャン的概念――神の正体みたいなものに迫ろうとしているなと思って。そこは本当に衝撃を受けました。今年出した小説「神曲」（新潮社）は、あのとき受けた衝撃を自分なりに表現できないかなと思って書いた小説なんです。イ・チャンドンは、小説からキャリアが始まってるんですよね。小説を書いてから、映画を撮り始めている。そして、プロデューサーもやる。「ポエトリー アグネスの詩」もそうですが、物書きが撮る映画だなと思います。そういう意味では（村上春樹原作の）「バーニング 劇場版」も相性が良かったんだと思います。小説的な概念を映画に持ち込む人。非常に映像的なポン・ジュノの対極にいる。非常に文学的＝テキスト的な世界観を映画にしています。そういう意味で、シンパシーがあります。神とはなんぞや。というすごく文学的なことを、人間の身体性に託し、俳優をあそこまで追い込んで描いている。詩という最も映像になりにくいものを扱い、しかも、そこに認知症も絡めた「ポエトリー」は、「百花」を撮る上でも（認知症を描いた川村自身の小説第4作を自ら映画化）、ひとつの目標にしていた世界です。記憶を描くと詩的になる――やはり、テーマの見つけ方や切り取り方が文学的ですよね』

――いわゆる映画的な構造とは違いますよね。文体もどこか散文的で。

『「バーニング」でも、【目に見えないけど、そこにあるもの】を描く。とても文学ですよね。燃えている納屋（ビニールハウス）は、あるのか、ないのか。猫はそこに、いるのか、いないのか。それを映画にしている。「シークレット・サンシャイン」も神を描いているし、「オアシス」も彼らにだけ見えている【世界＝オアシス】がある。「ポエトリー」も認知症のおばあちゃんにだけ見えている【世界】がある。目に見えないけど、そこにあるもの＝人間のイマジネーションみたいなものは、本来は小説が描くべきことなんだけど、それを映画でやっている。僕は【小説家】という観点で、イ・チャンドンの映画を捉えているかもしれません』

――映画で小説を書いている？

『という感じです。「ポエトリー」のオチのつけ方とか、素晴らしすぎますよね。作家なんです。偉人ですよ。しかも小説家なのに、あれだけ俳優を自在に動かしてしまう。演出家としても恐ろしいほどのスキルを持っている。怪物ですね』

――普通、文学的な才能のある人って、映画を撮るとつまんないですよね。イ・チャンドンは身体性の捉え方が卓越しているのでしょうか。

『これが、ミステリーなのだと思います。今回、「百花」を撮る上で、イ・チャンドンのインタビューをかなり探したんですよ。あのリアリティは、現場でどんなふうに生まれているのか？　ワークショップをやっているのか、テイクを重ねて粘っているのか。リハーサルはめちゃくちゃやるようです。テイク数も多い。でも、わからないです。そこがミステリー。この謎は一生、誰にもわからないのかなとは思います。でも、その謎解きができないから、魅了されてしまうんでしょうね』

――迫真はある。でも、演劇的ではないですよね。

『演劇ではないですね。濱口竜介（ワークショップを重ねる演出方法で知られる）的でもない。たとえば「バーニング」の中で、夕焼けの中を、大麻を吸った女性が踊り始める』

――めちゃくちゃ美しい瞬間！

『どうやったら、こういうふうに人は動くの？　と、作り手としては思ってしまう。何を、どう指示して、どういう現場作りをしたら、あれは撮れるの？　と。それが、わからない』

――もうあれ観たら、完全に映像派じゃないですか。必ず、ああいうシーンがありますよね。この監督、実は映像派なのではないか？　と思わせるものが。

『これは考えすぎかもしれませんが……本当はすごく速い球を投げられるピッチャーが、その球を活かすためにわざと利き手じゃない方の手で前半投げてるんじゃないの？　というくらい画が違うんですよ。あれは確信犯でしょう。そうとしか思えない。でも、普通はそれを狙いでできないですよ。（作品の完成度的に）怖いから。異形の人ですよ。だから映像のセンスもめちゃくちゃある人。そのカードは1本の映画の中で、1、2箇所しか切らないと決めてますよね。『オアシス』の地下鉄のシーンとか……』

――あれは完全に詩です。

『おんぶされてた女性が急に立って歌い始める。必ず一生忘れられないシーンを作ってくる』

――ものすごく冷静なバランス感覚の人なんでしょうか。

『物書きだから、既に自分の中で【小説】ができてるんですよね。「オアシス」では最後、木を切るでしょう？伏線の回収が完璧ですよね。それまで部屋を翳らせていた木を切るという行為で愛情を表現する。実は、ものすごくベタなんです。でも、こちらは泣いてしまう。「ポエトリー」でも冒頭、川に死体が流れてきて、そこに「詩」というタイトルが出る。最後、その詩が回収される。そうか、この死体が読んでいた詩なのだ、と。脚本もめちゃくちゃ計算されている。ぐうの音も出ない。ちゃんとカタルシスを作るんですよ。そこもすごくて。アートになってとっ散らかるのではなくて綺麗に回収していきますよね』

――難しいテーマを扱いながら、きちんとカタルシスを用意します。

『「シークレット・サンシャイン」で神父が性行為をしようとするシーンも、観客の心を乱そうとする。本当によく考えられていて。作家として作った【小説】を、映画でどうやったら表現できるのだろう？　ということをやっている。普通、どちらか、片輪しかできないんだけど、両輪できる。でも、だからこそ、映画の制作に時間がかかるんでしょうね。自分の中に落とし込むまでに時間がかかる。それにしても謎めいた才能です』

――物語の骨格がしっかりしているのに、映画を観ている間は、理詰めな感じがしませんね。

『イ・チャンドンが最初に映画を撮ったのって、結構遅いんですよね。43歳で『グリーン・フィッシュ』を撮っている。僕も43歳で初めて長編映画「百花」を撮った。自分も監督をしてみてわかったんですが、映画って結局、監督が持っている人間性以上にも以下にもならないのだなと。もう、（クリント・）イーストウッドが現場に来たら、（俳優たちも）本気で芝居するよね、と（笑）。そういうものだと思うんです。イ・チャンドンもそういう人なのだろうなと。『知の巨人』のようなところもあるだろうし。その人が持っている『人間としての存在感』が、俳優にポテンシャル以上のものを引き出してしまうのだと思います。そういう意味では、村上春樹の原作で撮った「バーニング」はもはや【イ・チャンドン小説】になっていましたね。猫がいない、というくだりは原作にはない。でも、あれは、猫がいない話になっている。納屋も燃えてないかもしれないし、猫もそもそもいないかもしれない。ほとんど書き直したみたいな世界。世界的にも、類を見ない作家だと思います。いちばん憧れる存在ですね。小説家でありながら、映画監督であるという。一貫して描いているのは【罪と罰】だとは思います。「ポエトリー」はまさにそうですね』

――「バーニング」も変奏はされていますが、そのテーマはありますね。

『すごく普遍的。だから、古くならない。「シークレット・サンシャイン」はいま観ても新しいと思います。あと、『オアシス』も「シークレット・サンシャイン」も「バーニング」も、女優から最高の演技を引き出す。あれもマジックだと思います。そこには何かがあるんです。でも、その何かがわからない。でも、その【何かわからないもの】をみんな観に行っている。【見えないけどそこにあるもの】が、映っている。でも、それ自体がイ・チャンドンのテーマ。イ・チャンドンの映画を観るということ自体、メタ構造なんですよね』

——可視化できないものを描いているわけですよね。

『たとえば「ポエトリー」で、認知症の診断を受けたおばあちゃんが病院から出てきてスーッと歩いていく長いワンカットがある。どうやって撮ったら、こんなにリアルになるの？　と思うわけですよ。エキストラも含めて。これがわからない』

——「オアシス」でも、人が雑踏を歩くとき、観ていて不思議な感じがしますよね。個人と町の関係がおかしなムードになる。

『「バーニング」の冒頭、主人公がバスの幌の裏からタバコを吸って出てきて、キャンギャルをやってるヒロインと出逢うまでワンカットなんですよね。映画の世界と現実が溶けてしまう。僕らがその辺の駅を歩いていて、ひょこっと話しかけてきた人が映画の登場人物でした、という感覚になるというか。すごいですよ』

——ありますね。境界線が溶けちゃう感じ。

『でもそれが本来、文学の持つ力なんですよね。小説は読み手の想像力に頼るメディアなので、あくまでもフィクションとして読んでいるはずなのに、読んでいくうちに、物語の世界と自分の世界がごちゃ混ぜになっていく。そこがいい。登場人物がモブになったり主役になったりする』

——神の視点を感じます。人間は『生きいてる』というより『生かされている』のだと。

『映画は、金持ちだろうが、貧乏人だろうが、人殺しだろうが、主人公を選んでカメラで追いかけていくわけですけど、イ・チャンドンの映画って「選ばれてる」というより「映っちゃってる」感じがする。【この世界】がよく見えているなと思いますね。ポン・ジュノは、キャラクター＝人がよく見えているけれど、イ・チャンドンは世界を描いている。世界を描くために、人がいる』

――個を描くことで、世界を描く。

『人が世界のために動いている。この世界はこういうことだよ、と描くために、人を使ってる気がします。タイトルも抽象的じゃないですか。「オアシス」も「シークレット・サンシャイン」も、どっちも場所。『ポエトリー』なんて『詩』ですから。やはり、ひとつの世界を創っているのだと思います』

――あと、イ・チャンドンの映画でしか見れないものに、光がありますね。「オアシス」の冒頭の光、そして「バーニング」の主人公がずっと気にしているのも光です。宗教的でもありますが、すごく現実的でもある。

『「オアシス」はやっぱり上手いですよね。冒頭、鏡に反射した光が壁を照らすところから始まって、それが対になって、ラストでは翳っていたものが切られていく。完全に計算してるんだろうなって。光を当てるという冒頭と、影を切っていくというラスト。光の使い方が本当に上手い監督だと思います。「シークレット・サンシャイン」なんてまさにタイトルが陰陽ですから。李相日監督（川村元気とは「悪人」「怒り」で組んでいる）と話したことなんですけど、「神様がもし存在するとしたら、「シークレット・サンシャイン」のソン・ガンホみたいな人なんだろうな」と。俺たちが欲してる神は、天にいて、僕らを見護ってくれている存在じゃなくて、ああいうふうに、鬱陶しいけど、つきまとって構ってくれる存在なんだよなって。理由がないんですよね。彼が彼女を助けることに。それは神の所業ですよね』

――「オアシス」もそういうところありますよね。

『そうですね。「オアシス」もあの男がある意味、神ですよね。「シークレット・サンシャイン」のソン・ガンホはもはや動きが人間じゃない。キャラクターとしての感情線が、人間ではない』

——だから結果、映画が「世界」になるのでしょうね。

『「バーニング」はあの女の子が神様みたいな存在で、コリアンアメリカンの彼は悪魔みたいじゃないですか。やはりキリスト教的ですね』

——しかし、あのテンション、クオリティで撮り続けているのがすごいですね。年齢的にも「バーニング」は少し枯れているのかと思いきや、作家としてバリバリでした。

『たまげましたよ。もはや「納屋を焼く」(村上春樹の原作タイトル)というよりは、「猫は居るのか」というタイトルの方が正しいと思う(笑)。やはり脚本力がありますね。「ポエトリー」ではカンヌで脚本賞を獲っていますね』

——では、認知症という接点もある川村さんの「百花」に、「ポエトリー」が与えた影響も教えてください。

『「ポエトリー」は認知症映画というものがあるとして、そのベストムービーだと思います。詩というものが物語全部を貫いていて、その詩の意味が最後にわかる。「百花」もそういう映画にしたかった。母親の『日記』や、彼女がこだわっている『半分の花火』。それで物語を貫き、最後にそこにフォーカスが合ったとき、なるほどこういう作品だったのかと思えるように。ここは「ポエトリー」の影響が大きいです。イ・チャンドンは、一貫して人間の儚さを描いている。あと、人間の愚かさを用いるのがとても上手い監督でもある。「オアシス」は周りが勘違いするわけですよね。この二人が愛し合ってるはずはない!って。「ポエトリー」も「バーニング」も人間の認知の危うさがテーマになっている』

——人間の認知について疑問があるのでしょうか。

『「オアシス」だったら、障害者が見ている世界と、健常者が見ている世界。お互いの認知の危うさを描いている。「シークレット・サンシャイン」だと、神を信じる人と、信じられない人の認知の危うさを描いている。「バーニング」はまさに、納屋（ビニールハウス）が燃えているか、いないか。猫はいるのか、いないのか。これが【世界】に行き着くんでしょうね。この【世界】は、人間が認知することで発生しているわけですから。だから人間は危うくて、儚くて、脆くて、愚かなのだということを、僕も「百花」で描きたかった。認知症ではない僕らもまたいろいろなことを忘れたり、記憶を改竄したりして生きている。やりたかったのは、傍観者であるはずの観客を、最後に当事者にしてしまうこと。イ・チャンドンは残酷な刃で物語を反転させてくるじゃないですか。『ポエトリー』の衝撃。「オアシス」も、可哀想な二人だね、と観ていたら、自分たちの話だったのか！　自分たちが生きてる世界のほうが狂っていたのか！　となる』

――もはや哲学者ですね。

『「シークレット・サンシャイン」もギリギリのところを攻めてますよね。企みも必ずある。こうしたことを考え続けるのが、哲学の仕事であり、文学の仕事だと思います。とんでもない体力と精神力の持ち主。だから、監督に見えている世界に俳優が引っ張られてとんでもないものが出て来るのだと思います。普通はキャラクターのために【世界】が奉仕するんだけど、イ・チャンドンの映画では、【世界】の中に人がいる。逆なんですよ。特に『ポエトリー』以降はそうだと思います』

――それにしても進化し続けてますよね。

『どんどん面白くなっている。すごく寡作だけど、普遍性ももちろん時代性を常に感じる。自分にとっては、はるか先を行ってる人で、〝イ・チャンドン先生〟って感じです。教師であり、文学者であり。そういう人が映画を撮り続けていることに、本当に希望を持っています』

川村元気

「告白」(10)、「悪人」(10)、「モテキ」(11)、「おおかみこどもの雨と雪」(12)、「君の名は。」(16)、「怒り」(16)などの映画を製作。2010年、米The Hollywood Reporter誌の「Next Generation Asia」に選出され、翌11年には「藤本賞」を史上最年少で受賞。2012年、初小説「世界から猫が消えたなら」を発表し、同作は21ヵ国で出版され累計200万部を突破した。主な著書に、小説「億男」「四月になれば彼女は」「百花」「神曲」、宮崎駿や坂本龍一との対談集「仕事。」2018年、初監督作品「どちらを」がカンヌ国際映画祭短編コンペティション部門に出品される。本年、自らの原作「百花」を脚本・監督し映画化。同作はサン・セバティアン国際映画祭オフィシャル・コンペティション部門に出品され、日本人初の最優秀監督賞を受賞した。

イ・チャンドン全作品レビュー

イ・チャンドン全作品解説

グリーンフィッシュ

ひとりの若者の鮮烈な生と死
時代は変わる、冷徹に。

文——溝樽欣二

「グリーンフィッシュ」は90年代以降、綿々と続く韓国映画の典型的なノワール作品でもある。イ・チャンドンが一作目にこういう映画を撮ったのは意外だ。

最後はヤクザの親分に裏切られる。最初はハン・ソッキュがどんどんのし上がって人を殺しまくる、『グッドフェローズ』な展開になると思いきや、家族と一緒に暮らしたいがために仕事をする真面目な男なのだ。ノワールな展開と、彼の非常にまっすぐな感じは揺るぎない。それがイ・チャンドンらしいし、韓国映画ならではの味とは言える。

ハン・ソッキュが敵対するボス（親分の兄貴分）を刺した後、逆に親分に刺されるのはなぜだろうか。親分の愛人が重要な役で、日本の実録ヤクザ映画と通底するパターンだ。自分の敵対するやつを、純情まっすぐな男に殺させるためにどうするか？　女を抱かせて『男』にさせる。それでハン・ソッキュは親分のロボットのように敵＝親分の兄貴分を殺す。子分がそんなことしたら落とし前をつけさせなきゃいけないから親分がハン・ソッキュを殺す、という話だ。

途中の列車のシーンで愛人が『私が教えてあげる』って言うところのキスシーンが長いのはよかった。でもあれも本当にそう思っている訳じゃない。利用するために

監督：イ・チャンドン
出演：ハン・ソッキュ／シム・ヘジン
1997年製作／105分
原題：초록 물고기

誘惑する。ハン・ソッキュが殺されるのも車の中で愛人が見ている。子分を利用する役割を担ったんだなと思うと腑に落ちる。ただ説明過多に陥っていない。兄貴と愛人は途中で仲が悪いが、どこかで愛し合っている感じを描いているから、そういうことだなと思う。そこがイ・チャンドンの厳しさで、ただの任侠・人情ドラマでは終わらない。

大衆的な映画をイ・チャンドンが撮ったということは驚きだが、単純にそうとも言い切れない部分もある。イ・チャンドン自身が六人兄弟で、自分の家族のことが投影されている。ただ、五人兄弟の群像が描かれるのかと思えばそんなことはなく、繋がりが強いようでそうでもなく、いつも喧嘩している。また、お兄さんの一人が障害者でみんなが彼を兄貴としてちゃんと扱っているところは、家族の絆の深さがにじむ。

最後は、たまたま親分と愛人が行った店が兄弟の店だったというところで話がクロスする。しかもその新しいお店の先にはハンガンを挟んで、対岸に近代的な街ができているというのは象徴的だろう。一人の若者が自滅していくことの背景に、止めることのできない時代の移り変わりがある。ムン・ソングンには家族ができて、家族のために生きたハン・ソッキュは家族の中にいない。でもこれが現実なんだというイ・チャンドンの冷徹な視線がある。ただ「ペパーミント・キャンディー」から始まる怒涛のイ・チャンドンワールドとは雰囲気の違う作品だとも思う。

この作品には社会性だけではなく映像的なこだわりもある。例えば途中で出てくるハン・ソッキュのサングラスに炎が写っているシーンが分かりやすい。映像的にちょっと凝った映像を作る。「バーニング 劇場版」でもまさにタイトル通りに納屋（ビニールハウス）が燃え上がったりするが、そこに象徴される人間の暴力性・宿命みたいなことが「グリーンフィッシュ」のイメージに繋がる。イ・チャンドンの原点である映像のセンスが「グリーンフィッシュ」には見つけられて、それは「バーニング」にも繋がる作家性だと見た。

まったく退屈はしないし、後年のイ・チャンドンらしさが刻印された作品だ。「バーニング」を観た人にはぜひ観てほしい。

イ・チャンドン全作品解説

ペパーミント・キャンディー

人生は甘くない。
それでも、人生は美しい。

文——八幡 橙

監督：イ・チャンドン
出演：ソル・ギョング／ムン・ソリ
1999年製作／130分
原題：Peppermint Candy

誰かが言った。生まれながら人が等しく背負う悲しみは、人生は不可逆だという事実にある、と。人生は遡れない。この映画の主人公キム・ヨンホのように、戻りたいとどんなに強く願ったとしても。

１９９９年春のピクニックから、１９７９年秋のピクニックへ。線路をゆっくりと走る列車が、一人の男の20年の半生を逆向きに辿ってゆく。のどかな春の川原。仰向けに寝転ぶ男キム・ヨンホは、空を仰ぎ涙を浮かべる。近くでは、若かりし頃、同じ工場で働いていた仲間たちが20年ぶりの宴を開いていた。場違いなスーツ姿で乱入したヨンホは、場の空気を淀ませた上で突然歌い出す。『ナ・オットケ（僕はどうしたらいい）』。それから鉄橋の上に向かい、背後に列車が迫りくる中、凄まじい形相で絶叫する。『俺はもう一度戻ってやる！』と。

そこから物語は、ヨンホの通り過ぎた大きな節目である6つの季節を描き出してゆく。何もかも失い、荒み切った中、病床ですでに意識をなくしてしまった初恋の人ユン・スニムと悲しい再会を果たす、１９９９年のピクニックの三日前。事業が成功し羽振りは良かったものの、家庭に不協和音が生じ始めている１９９４年夏。警察に勤めて数年が過ぎ、尋問という名の拷問を行うことにも抵抗感が薄れてきている１９８７年春。勤め始めた警察で非人道的な拷問に手を染め、ちょうどその日に訪ねて来たスニムが優しい人の手だと褒めてくれたその同じ手で、のちに妻となるホンジャの尻を撫でて見せる1984年秋。そして、兵役に就いていた1980年。5月とだけあるが、日付はきっと18日だろう。ここで描かれる1日が、光州事件のその日であることは疑いようがないからだ。軍事政権に反対し、民主化を求めてデモを行う学生や市民たちが銃撃を含む軍の強い制圧を受けて多数負傷、もしくは死亡したとされるこの日。ヨンホは、ソウルからはるばる面会に来たスニムとも戒厳令下を理由に会わせてもらえず、そればかりか、慌ただしく出動した先で2度と戻れぬ過ちを犯してしまう。彼の人生はここで変わった。軍靴に踏みつぶされる真っ白な薄荷砂糖《ペパーミントキャンディー》が物語っていたように。

　ひとつひとつの季節を繋いで列車が走る線路は、基本はまっすぐだが、時に二股に分かれていたり、緩やかな曲線を描いていたりする。片道でしかありえないその道筋は、キム・ヨンホのみならず、あらゆる者にとって人生の縮図そのものと言えるだろう。

　演者が苦労することを知りつつ、それでも観客が体験する通り、物語の始まりから順に遡って撮影を行ったというイ・チャンドン。無茶ともいえるリクエストに見事、迫真の演技で応えきった当時まだ無名だったソル・ギョングの底力にも感服するが、『いつも最後の映画だと思って作っている』と語るイ・チャンドンが不退転の思いで臨んだ、人生のもっとも純粋だった頃へ回帰させる旅は、いつ、何度観ても抉るように強く、胸を掻き立てる。

　そうして観る度に、『観客はラストを出発点として、再び意味ある旅に歩き出してほしい』という監督の言葉を思い出すのだ。生き永らえる中で、時代の波や他者との関わりによって、否応なしに人は穢れてゆく。人生は甘くない。そのことを、イ・チャンドンの映画は常に厳しく突き付ける。いくら人生の暗部から目を背けてやり過ごそう思っても、それは確実に存在し、無垢なまま生き抜くことは難しいと、彼の作品は嫌というほど私たちに教えてくれる。その上で、この映画で若き日のヨンホが、冒頭と同じ川原で同じく『ナ・オットケ』を遠くに聴きながら、一人そっと可憐な花や穏やかな光に涙を流すように、最後の最後にイ・チャンドンは私たちに囁く。

　それでも人生は美しい、と。力強く、まっすぐに——。

イ・チャンドン全作品解説

オアシス

観客だけにそっと目撃させ、希望を託した〝秘密の光〟。

文――高橋論治

イ・チャンドン監督が世界三大映画祭で初めての受賞（ヴェネチア国際映画祭・監督賞）を果たした長編第三作は、不気味な〝影〟のイメージで幕を開ける。インドの母子と一頭の象を織り込んだ『ＯＡＳＩＳ』という名のタペストリー。その表面をゆらゆらと覆う木の影は、のちに女性主人公コンジュの内なる不安の象徴だとわかる。重度の脳性麻痺を患うコンジュは、広々とした障害者向け住宅に暮らす家族から引き離され、狭苦しいおんぼろアパートに押し込められている。

そんなコンジュとめぐり合うもう一人の主人公ジョンドゥは、ひき逃げの罪を償って出所したばかりの青年だ。周りの空気をさっぱり読めず、子供じみた言動を連発するこの男は悪意なきトラブルメーカーで、やはり家族から厄介者扱いされている。

コンジュとジョンドゥは互いを『姫』『将軍』と呼び合い、おとぎ話のように清らかな恋に落ちていくのだが、イ監督は二人を疎外する社会の偏見や差別を、居心地の悪いエピソード満載であぶり出す。両家の人々は障害者と前科者が愛し合うなどとは思いもよらず、二人を都合のいいように利用している。この世の常識や正常とは何なのか、という痛烈な問いかけがそこにある。

主演は前作「ペパーミント・キャンディー」に続いて

監督・脚本：イ・チャンドン
出演：ソル・ギョング／ムン・ソリ
2002年製作／133分
原題：Oasis

の共演となったソル・ギョングとムン・ソリ。とりわけコンジュの身体的な不自由を渾身の演技で体現したムン・ソリには圧倒されるが、外見からはうかがい知れないコンジュの内面に迫ったイ監督の演出にも驚かされる。手鏡に反射した光がハトや蝶に変わり、コンジュが健常者になって車椅子から突然立ち上がる場面は、彼女の豊かな想像力をスクリーンに表出させた斬新なファンタジー描写だ。やがて暴行魔として誤認逮捕されたジョンドゥが、警察署から逃走する終盤のシークエンスも圧巻だ。コンジュを悩ます〝影〟を払拭するため木によじ登ったジョンドゥが、猛然と枝を切り落とす姿は、それを眺める野次馬の目には迷惑男の奇行としか映らない。しかし私たち観客は、愚直な将軍とラジオから流れる大ボリュームの音楽で彼を応援する姫君の愛の交歓を目の当たりにする。これぞ映画史上まれに見る激烈な〝ラブ・シーン〟だろう。

また深遠なるこの映画には、一度観ただけでは気づきがたい発見がある。イ監督は次作「シークレット・サンシャイン」で信仰というテーマに真正面から取り組むが、本作にはその前奏と言うべき描写が盛り込まれている。それは中盤、コンジュとジョンドゥがそれぞれ別の場所で何気なく〝空を見上げる〟シーン。ぼんやりと〝神の不在〟をほのめかすようなそれらの場面では何も起こらないが、前述したクライマックスでジョンドゥが木から転落する瞬間、唯一の俯瞰ショットが挿入されている。それは〝空を見上げた〟二人に対する、天からの〝切り返し〟の超自然的な眼差しにほかならない。神は沈黙を保ちながらも、地上で幾多の試練にさらされる傷だらけの恋人たちの運命を見つめていたのである。

アパートの室内で一人掃除に励むコンジュの姿を、引き気味のワンショットで捉えたエンディングは、ひょっとすると一部の人にこう思わせたかもしれない。『何たる悲しい結末だ。二人を引き裂いた社会の不寛容は、まったく変わらなかったじゃないか』。客観的な事実としては正しいが、本質的にはとんでもない見間違いだ。

イ監督は〝影〟から始まった本作のラストシーンを〝光〟で包み込んだ。誰にも理解されない二人の愛を祝福するのは、掃除中の部屋に舞うほこりの崇高なきらめきだ。観客だけにそっと目撃させ、希望を託した〝秘密の光〟に身震いせずにいられない。

イ・チャンドン全作品解説

シークレット・サンシャイン

気づかない存在こそ神、目に入らないからこそ神。

文——賀来タクト

監督：イ・チャンドン
出演：チョン・ドヨン／ソン・ガンホ
2007年製作／142分
原題：密陽

ヒロインの造型がまずユニークだ。愛息家という側面はあれ、行動のほとんどが自己中心的。相手の気持ちを考えずに思ったことをズケズケと言い放ち、都会人気取りで土地購入の色気を振り回す。息子の誘拐をめぐる不手際も実に『らしい』応対。結果、息子を失うわけだが、そこからいきなりキリスト教に帰依する。そして、息子を殺した犯人を『赦す』ことで精神的着地を図ろうとするも、犯人がすでに獄中で『神から赦しを得た』ことが判明。一転、神への『反撃』に打って出る。

往々にして、どの映画作家も主人公の境遇に同情的余地を観客に託すものだが、この監督はそれが一切ない。客観的視点をとるだけでなく、主人公から観客を疎外させる。共感を許さない。この徹底が監督第四作ではいよいよ鮮やかであり、もはや『人でなし』の域に達しているのではないか。ある種の『嫌がらせ』としても過言ではなく、その演出姿勢を評価することが、この映画を観る者にとっての『赦し』といえるのかもしれない。

同時代の作家としては、ドイツのミヒャエル・ハネケに味わいが近いだろうか。中島哲也の「嫌われ松子の一生」もこの系譜。いずれも『人間の本質に迫った冷徹な目線』がカンヌ映画祭を中心に人気を集めているのだが、その線でいけばイ・チャンドンの方が多少は人間的かもしれない。いや、観客の神経を逆なでし、つけいる隙を与えないドラマ性ではこの韓国人監督が上とする向きもあるだろう。そういう『すごみ』は否定できないし、チョン・ドヨンのカンヌ主演女優賞受賞もそんな演出家の『鬼目線』に耐えたご褒美と考えていい。

状況傍観に徹した語り口の「シークレット・サンシャイン」を前にすると、物語の時間を逆行させた「ペパーミント・キャンディー」、強姦未遂犯と脳性麻痺女性の恋を描いた「オアシス」などは観客にずいぶん配慮しているように映る。とりわけ、後者についてはロマンティックに解釈する観客が多かったのではないか。「シークレット・サンシャイン」を前にすると、『それ、誤解だから』とイ・チャンドンが語りかけてきそうである。

神への疑問という部分は、この作品をめぐって評価の食指が動く描写だが、そこに一連のイングマール・ベルイマン作品、あるいはラース・フォン・トリアー作品を連想しても悪くない。ベルイマンでいけば「処女の泉」あたりが「シークレット・サンシャイン」との比較において面白いだろう。トリアー出身のデンマークにはもちろん、カール・テオドア・ドライヤーもおり、彼らの「奇跡の海」や「奇跡」などはプロテスタントの国としての立ち位置がある。そこには、つまるところ人間の存在への問いに繋がる問題が横たわるわけで、イ・チャンドンの演出に『天上からの視線』を重ねる向きもあるかもしれない。ただし、イ・チャンドンは『ジャッジ』を『上』から下していない。少なくとも、そういう高尚さ、教条的姿勢に収まっていない。その意味では、この作品における『神の問題』は断片に過ぎず、ドラマ的にも大きな軸を形成せずに終わっている。

強いて、この物語に神の存在を指摘するなら、恐らくソン・ガンホ演じる修理工だろう。すべての不幸が『身から出たさび』のヒロインに対して、ただ『好き』という心をぶつける。どんなに相手にされなくとも、くじけずに無償の愛を注ごうとする。『密陽』という田舎町、そこに差し込む『密やかな日差し』にこのヒロインは気づかない。きっと、いつまでも。気づかない存在こそ神、目に入らないからこそ神。真に『隣人』を愛することができたとき、シングルマザーは発見できるかもしれない。自身に必要な本当の何かを。

イ・チャンドン全作品解説

ポエトリー アグネスの詩

最も残酷な瞬間にしか見えない、究極の美。

文――佐藤 結

イ・チャンドンは、映画という表現を使ってこの世界の本質に迫ろうとする監督だ。たとえ、その先に目を覆いたくなるような光景が待っているとしても――。

04年に韓国で起きた10代の少年たちによる性的暴行事件を契機として作られた「ポエトリー アグネスの詩」では、直接的に暴力を描くことはせず、一見、遠回りとも思えるような方法で事件の意味を問いかける。主人公は地方の街で中学3年生の孫ジョンウクと暮らすミジャ。彼の母親である娘からの仕送りも当てにできない彼女は66歳となった今も病気療養中の男性の介護ヘルパーをしながら、細々と生計をたてている。

2013年に来日した際、映画のモチーフとなった事件について『韓国のみならず、現代の倫理観、道徳観をくつがえす出来事』と語ったイ・チャンドン。その衝撃は大きく、今作以外にも、被害者となった女性による復讐譚である「ビー・デビル」（10）やサバイバーとなった被害者の過酷なその後を見つめる「ハン・ゴンジュ 17歳の涙」（13）といった作品が、同じ事件からインスピレーションを得て作られている。イ・チャンドン自身はなかなか映画化の緒を見つけられなかったとのことだが、偶然、日本を旅行中に『詩と共に事件を語っていく』というプロットを思いついたという。

監督：イ・チャンドン
出演：ユン・ジョンヒ／イ・デビット
2010年製作／139分
原題：Poetry

街で見かけたポスターにひかれ、詩作教室に通うようになったミジャは、講師から『世界を見ること』の大切さを教えられる。ノートを片手に家の中にあるものや身の回りの自然を新たな目で見るようになった彼女だが、同じ時期に、孫であるジョンウクが友人数名と共に性的な暴行を加えていた女子生徒が自殺してしまったということを知る。人生で初めての詩を書こうと決意し、目の前にあるものを詳細に見始めたミジャは、そのこと故に、目を背けたくなるような現実と向き合わざるを得なくなる。そして、彼女を見守る私たちも、真実を〝見る〟ということの厳しさを突きつけられる。一方、彼女以外の保護者たち（全員が父親）は、そんな厳しさには耐えられないというかのように、被害者に対する罪悪感を一切見せず、息子たちを守るためだけに奔走する。

このように『見る者」と「見ない者』を対照的に登場させたイ・チャンドンは、『見る者』であるミジャに、初期の認知症であるという設定を加え、彼女の限界と不安定さを予め用意する。もちろん、『遠くない将来にすべてを忘れてしまうかもしれない』という予感があったからこそ、彼女は途方もない勇気を発揮することができたのかもしれない。

ミジャを演じているのは、60年代から主演俳優として活躍してきたユン・ジョンヒ。会う人ごとに『おしゃれね』と声をかけられる優雅な姿と、体の不自由な男性を風呂に入れるといった生々しい姿を違和感なく見せる。ミジャの過去についてはほとんど説明がなく、『波乱万丈な人生を送ってきた』という本人のセリフや、親しそうなのに肝心な話はできない娘との関係から推測することしかできないが、ユン・ジョンヒの存在感がミステリアスな女性像に説得力を与えている。

『詩』という原題を持つこの作品は、美についての映画でもある。イ・チャンドンは『美しさは、その後ろにある暗さ、醜さ、汚さ、苦痛と一緒に受け入れることで、その意味を知ることができる』と語っているが、その言葉通りミジャは、父親たちとの相談の席を抜け出して咲き誇るケイトウの美しさに目を留めたり、被害者の家族に会いに行く途中で、木漏れ日に照らされたアンズの実を拾い上げたりする。最も残酷な瞬間にしか見えない、究極の美。それこそがミジャが待ち続けていた〝詩〟そのものだったのだ。

イ・チャンドン全作品解説

バーニング 劇場版

一本の境界線がたしかに引かれたこと。

文――月永理絵

〈怒り〉についての映画を作りたかった、という監督自身の言葉からも、これが現代の格差社会で生きる若者たちの〈怒り〉に焦点を当てた映画なのは明らかだ。とはいえ、当初自分の教え子で本作の共同脚本家を務めたオ・ジョンミから村上春樹の短編「納屋を焼く」の映画化を提案された際、イ・チャンドンはこの小説のどこに〈怒り〉があるのかピンと来ず、だが小説を何度も読み、また劇中にも登場するフォークナーの世界を通じて、これこそ自分が今描くべき物語だと気づいたという。

だが、それはいったい誰の何に向けた〈怒り〉なのか。そもそもこの映画では、曖昧さがすべてを支配する。主人公イ・ジョンスが体験する物事、出会う人々、そして彼らの関係は多くの謎に包まれている。ジョンスの幼なじみヘミはどこへ行ったのか。彼女がアフリカ旅行で知り合ったベンはこの失踪に関わっているのか。ベンの語る〈悪癖〉の話は真実なのか。ヘミが飼う猫ボイルは実在するのか。謎は解かれることなく放置される。ラストシーンも、果たしてジョンスが実際に起こした行動なのか、彼の願望あるいは彼が書こうとしている小説のアイディアなのか、観客にはいくつもの解釈が委ねられる。

だが実際には、登場人物の造形を含め、全ては完璧に図式化されている。労働者階級出身で、寂れた農村、坡

監督：イ・チャンドン
出演：ユ・アイン／スティーブン・ユァン
2018年製作／148分
原題：Burning

州（パジュ）に住むジョンス。彼は古ぼけたトラックに乗り、小説を書きたいと望みながら、日雇いのバイトを続けている。同じ村で育ったヘミは、家族とは疎遠で、今はバイトで金を稼ぎ南山（ナムサン）の小さなワンルームで猫と暮らしている。一方江南（カンナム）の高級マンションに住むベンは、自分には仕事と遊びの区別がないと語り、まるでギャツビーのような生活を送っている。彼らの家にはそれぞれ窓があり、そこから見える景色が、生活環境と属する階級を残酷に表している。

さらに三人の力関係は、性別によっても残酷に分けられる。ベンとジョンスは、社会において正反対の位置にある男たちだ。だが女性であるヘミを間に置いたとたん、二人の差異は見えづらくなる。一人は彼女を自分の所有物のように見なし、自分より優れた男に取られることに嫉妬する。もう一方の男にとっては、ヘミは無数の女たちの一人でしかなく、彼女の話に退屈そうに欠伸を噛み殺す。結局のところ、どちらの男もヘミを欲望の対象か実体のないモノとしか見ていない。

監督はインタビューの中でこう語っている。『ヘミとはどんな人なのか、彼女は何を求めているのか、それを理解することがこの映画の核です。そして彼女が望んでいることとはつまり、グレート・ハンガーを見つけることなのです』（『Sight & Sound』２０１９年3月号）。

グレート・ハンガー、それはアフリカの砂漠のある部族に伝わる、生きる意味を探し求めずにいられない人たちのこと。その存在を求めてアフリカへ行ったヘミは、マリファナの煙を燻らせながら、ゆらゆらと両腕を揺らし、ダンスを踊る。リトル・ハンガー（飢えた人）からグレート・ハンガーへの変化を表す踊り。だがそれを眺める二人の男にはその意味が理解できない。グレート・ハンガーとなったヘミは、これを機に忽然と姿を消す。

曖昧さはあくまで見せかけにすぎない。これはどこまでも明確な映画だ。境界線はあらゆるところに引かれ、人々の居場所をくっきりと区別する。ただし、その境界線をどこに発見するかによって、映画はその都度姿を変える。ひとつだけはっきりしているのは、ヘミのダンスとともに、一本の境界線がたしかに引かれたこと。自分の真の望みを明確に理解する女と、それを理解できない男たち。正反対の位置にあるはずのベンとジョンスは、ただ表と裏の存在にすぎない。

第2章 パク・チャヌク

Park Chan-wook

論 女優・筒井真理子、「オールド・ボーイ」を語る。

論

パク・チャヌク
恐るべき映画作家
『私は芸術映画のような商業映画を作る監督だ』

文——ホ・スンホ

パク・チャヌク監督の11作目の長編映画であり、「お嬢さん」以来6年ぶりの新作である「別れる決心」。監督自らは『ソフトで繊細で優雅な映画』と多少平凡に言及したが、いざ映画が公開されてからの反応は驚くべきものだった。まず、「オールド・ボーイ」、「コウモリ」、「お嬢さん」に続いて第75回カンヌ国際映画祭コンペティション部門の招待作に選ばれて国内外メディアの満場一致に近い絶賛を受け、彼は監督賞を受賞した。2004年、第57回カンヌ国際映画祭で審査員特別グランプリを受賞した「オールド・ボーイ」で全世界の映画界にその名を知らせたパク・チャヌク監督の今作が、世界最高レベルだということに対しては異見がなさそうだ。そのような意味で「別れる決心」は、パク監督の最高作と評するには時期尚早だとしても、彼の代表作に挙げるには遜色がない。

先入観なく見るべき映画「別れる決心」

これまでパク・チャヌク監督が持っていたイメージは、ロマンスとは程遠いものだった。もちろん、パク監督本人は自分の映画のほとんどがロマンス映画だと言及したが……。「オールド・ボーイ」でのハンマーを使ったアクションシーンや歯を抜く場面、「お嬢さん」の破格的なエンディング、そして「復讐者に憐れみを」で川を血で染めたことなどを見ても分かるとおり、パク監督の映画は強烈なイメージが多かった。そのため、ほとんどの映画が青少年観覧不可だったが、今回の「別れる決心」は15歳以上観覧可。暴力シーンもなく、性的描写も重きを置かれなかった。今回の作品は、パク・チャヌク監督が大きな決心をして作ったと言っても過言ではないほど、既存の作品とは少し違う。しかし、あらすじだけを見るならば、多くの人が死を迎える恐ろしいノワールジャンルの映画といっても過言ではなさそうだ。

「別れる決心」は、60代の男が高い岩山から落ちて死ぬという変死事件が発生し、担当刑事「ヘジュン」（パク・ヘイル）は、夫の死を前にしてもさほど動揺しない死者の妻「ソレ」（タン・ウェイ）を疑う。だが「ヘジュン」は事件の捜査を通じてだんだんと「ソレ」のことを知っていきながら、彼女に対する関心もますます大きくなっているのを感じるようになる。一方、なかなか心中を察しにくい「ソレ」は、相手が自分を疑っているということを知りながらも、何のためらいもなく「ヘジュン」に接する。本心を隠す容疑者である彼女を疑いながらも、同時に刑事は彼女に夢中になってしまう。

フィルム・ノワールとは、暗く残忍で暴力的な犯罪と堕落の都市世界を描いた映画を指す。普通、フィルム・ノワールで思い浮かぶ女性キャラクターといえば、致命的な女性を意味する『ファムファタール』だ。華やかな外見と扇情的な体つきを持つ女性が男性を誘惑し、破滅や共倒れに導く。それでは、ノワール的ジャンルの観点からみて、「ソレ」は果たしてファムファタールだろうか。観客は誰もがこのような疑問を「ヘジュン」と共に感じながら映画の中にハマっていく。

このように没入する前に、我々はまず、パク・チャヌク監督に対する先入観、すなわち前作から何度も描かれてきたノワールジャンル的な先入観をなくして映画に向き合わなければならない。もちろん、先入観を強く持って映画に接しても、この映画はこれまでのパク・チャヌク監督の映画的表現とは圧倒的に違うということが分かる。一言でいうならば、ノワールの形式を借りたメロ映画と見るべきだろう。観客は映画の始まりから「ヘジュン」と共に彼女に対する疑いを持つようになるが、このような疑問点が映画を導いていく動力であり、観客たちは「ヘジュン」と一緒に疑問を解いていく。そして疑問が解ける瞬間、映画は「ヘジュン」の視線から「ソレ」と「ヘジュン」の観点へと広がり、観客は誰もが、「ソレ」はファムファタールではなく愛らしい一人の女性であることに重きを置くようになる。だが、映画の客観的な事実だけを見ると、夫をはじめとして「ソレ」の周辺で起きる殺人事件によって、彼女をただ愛らしい女性として見ることができなくなる。果たして彼女は品格の高い恋をする女性なのだろうか。

前後半の構造的な対比をよく見ること

「別れる決心」は前後半に分かれた映画で、さまざまな観点ではっきりと対比している。まず前半部は『釜山』を背景にしているが、後半部は仮想の都市『イポ』が背景だ。『イポ』は霧で有名な都市という設定だが、これは「ソレ」と「ヘジュン」の見えない愛を意味する。また、前半部の山が死んだ「ソレ」の夫を象徴する『クソ山』を背景にしているのに対し、後半部の山は「ソレ」の現在の男「ヘジュン」を象徴する『ホミ山』である。このような背景の中の山が持つ意味を見つけるのも映画を観る楽しみのひとつだ。全体的には『クソ山』で「ソレ」の夫が墜落死するスリラー的な映画だが、実はずっと「ソレ」と「ヘジュン」の感情線を追っていくメロ映画の構造である。また、前半部は「ヘジュン」の一人称的視点で「ソレ」を理解していくかたちで進行するが、後半部は二人の視線を全て見せ、前半とは非常に異なる雰囲気の進行方式で映画が流れていく。二人の愛を扱う興味深く立体的な方式が非常に新鮮だが、前半で容疑者の立場から抜け出した「ソレ」は、「ヘジュン」に会いたいと願って再び容疑者となって後半部を導いていく。このように「別れる決心」はさまざまな面で現れる前後半の対比を探すのが映画の面白さであり、誰も真似できない『パク・チャヌク流美学』の魅力にはまる重要な要素となる。

パク・チャヌクのファンダムで生まれた「N次観覧」

「N次観覧」とは同じ映画を一度だけでなく、二度、三度と何回も繰り返して観ることを意味する新造語。カンヌ国際映画祭でパク・チャヌク監督が監督賞を受賞し、当時「別れる決心」の話題性は最高潮だった。しかし、封切り当時、トム・クルーズの「トップガン マーヴェリック」や1200万の観客を動員した「犯罪都市 THE ROUNDUP」などと対決して対戦運が悪く、封切り15日目にしてやっと100万を突破したところで映画の興行は終わると予想していた。ところが、そのまま退場するかに見えた「別れる決心」は、一度だけでは到底我慢できない余韻の強い演出力と高い作品性、そして主演俳優の好演によって新しい局面を迎える。それが「N次観覧」だ。

各種ソーシャルメディアやオンラインコミュニティでは、パク・チャヌク監督が映画に隠したディテールと深い意味が込められた場面を探し出して共有し、「N次観覧」であることを言及した投稿があふれ、現在（22年8月）までに183万人の観客が映画を再観覧した。さらに「別れる決心」の脚本集である『映画「別れる決心」オリジナル脚本集』は販売開始1ヵ月にして6000部以上売れ、現在まで3週間連続ベストセラー1位（韓国最大オンライン書店イエス24基準）となった。これに対しパク・チャヌク監督は『私の映画にしては平均的な反応が高めなようです。以前は大好きな人と、大嫌いな人がいて、平均すると悲惨な点数だったと思いますが。初めて多くの人が好む作品のようで、新しい気分を感じています』と満足感を表した。「芸術映画のような商業映画を作っている』という彼の言葉のごとく、ともすれば二兎を得た格好だ。節制された表現の中で、宝探しのように主人公の心理を掘り出し、隠されたメタファーを発見する面白みがある作品で、初めて観るときはパク・チャヌク監督が投げ込んだ餌に釣られていくが、もう一度観るとその時になって登場人物の本心が見えてくる映画だ。俳優たちの熱演と美しい演出、噛めば噛むほど深くハマってしまう余韻が『別れる決心』を何度でも観たい映画にしたのである。このような『パク・チャヌク・ファンダム』は今後の彼の作品に大きな方向性を提示し、きっと新しい何かに発展することだろう。

B級映画評論家から韓国を代表する監督に

あるインタビューでパク・チャヌク監督は、『商業映画のような芸術映画を作っているのか』という質問に『私は芸術映画のような商業映画を作る監督だ』と答えた。商業映画を作る人も芸術ができるという意味で、パク・チャヌク監督は芸術家意識を持った人物だ。彼は西洋画に関心が高かった母方の祖父と建築を専攻した父親の影響で、幼い頃から絵画に関心が高く、絵を描くのが好きだったという。美術方面に進路をとろうと思ったが、弟が本人より優れた才能があって諦めたという。しかし、このような美術に対する関心は、パク・チャヌク監督の映画に大きな部分を占めることになる。その後、大学で哲学を専攻した彼は写真部で活動をしながら映画に関心を持つようになった。彼が通っていた大学には映画科がなく、映画関連の本を通じて映画に対する知識を積み、アルフレッド・ヒッチコックの「めまい」を観て映画監督になろうと決心する。

その後、忠武路の映画企画会社でしばらく監督とはかけ離れた仕事をしていたが、1990年代にある大企業から低予算での映画製作を提案され、「月は…太陽が見る夢」(92)でデビューした。もちろん、興行においても批評においても成果を上げることができないデビュー作だった。

いつも彼が冗談まじりで語るように、パク・チャヌク監督は評論家としてデビューしてから映画監督になったのではなく、映画監督としてデビューしてから評論家になった珍しいケースだ。デビュー作以後5年の空白があり、彼は評論家として活動した。この時、彼はB級映画(1950年代のスタジオシステムの没落後に登場した低予算独立映画)に多大な関心を示したが、これはパク・チャヌク監督の映画世界を支える精神でもある。このようなB級映画特有の不穏な精神は、彼の2作目の映画「3人組」(97)から表れ始める。もちろん、2作目の映画でも、彼に注目した人はあまりいなかった。3年後、パク・チャヌク監督の歩みに決定的なターニングポイントとなった作品「JSA」が大ヒットし、監督としての彼の名を強く浮上させる。パク・チャヌク監督は『ある面で「JSA」という人気作が「復讐者に憐れみを」を作ることの必要条件だった』と言及したことがあるが、「復讐者に憐れみを」が優れた映画の完成度と裏腹に興行には成功しなかったものの、パク監督にとって、韓国社会で分断問題を扱う「JSA」と階級問題を扱う「復讐者に憐れみを」のふたつの映画がひとつの完成した作品だった。

韓国では「JSA」で頭角を現したが、海外に彼を知らしめたのは「オールド・ボーイ」だった。「オールド・ボーイ」は海外の映画関係者に衝撃を与えた作品で、第57回カンヌ国際映画祭の審査員特別グランプリを受賞し、初めてパク・チャヌク監督は国際的に評価された存在として浮上した。その後、彼は『親切なクムジャさん』でいわゆる復讐三部作を完結し、これによって名監督の仲間入りをした。もちろん新しい試み『サイボーグでも大丈夫』では興行に惨敗したものの、彼の挑戦はとどまることがなかった。

復讐シリーズの完成である「親切なクムジャさん」は、パク監督としての分岐点となった作品であり、女性キャラクターを前面に出すという大きな変化をもたらした。もちろんそれは、「親切なクムジャさん」のときからの彼の分身のようなチョン・ソギョン（脚本家）に会った後に起きた変化であり、「コウモリ」、「お嬢さん」に繋がる女性が主人公のより繊細な映画に集中した。特に「お嬢さん」は女性同士の愛をストレートに豪快に描き出した作品で、「オールド・ボーイ」以後、海外でも人気が非常に高かった作品だ。今回の「別れる決心」は彼の11作目の長編映画であり、「お嬢さん」のストレートな愛情関係とは異なり、非常に繊細で隠喩的ながらも優雅な作品で、カンヌ映画祭監督賞を受賞し、２０２３年に開催される第95回アカデミー映画賞国際長編映画部門の韓国代表出品作に選ばれた。

現在、パク・チャヌク監督は国際的名声にふさわしく、米国でベトナム戦争直後の米国とベトナムの二重スパイの人生を描いたＨＢＯシリーズ「シンパサイザー」を準備しており、このドラマシリーズには有名俳優ロバート・ダウニー・Jr.がプロデューサー兼俳優として参加した。

ヒッチコックを脱し、パク・チャヌクならではのカラーで

「別れる決心」がカンヌ国際映画祭で公開された以後、国内外のマスコミは『真の映画らしい映画』と絶賛した。公開当時、受賞と関係なくパク監督が世界最高レベルの映画を作り出したことに対して異見はなかった。

そしてパク・チャヌクは監督賞を受賞した。

彼は『これまでの私の作品は全て忘れて観てほしい』と演出方式の変化について何度も言及したが、彼はこれまでの作品で見せてきた過激な描写よりは主人公たちの心理描写に集中してノワールとロマンスを重ね、評壇は『新しい方式を披露した作品だった』と好評した。また、米国のバラエティは『傑作』と評価し、英国「ガーディアン」紙は5つ星を贈って映画の伝説アルフレッド・ヒッチコック監督と比較した。BBCもやはり「ポスト・ヒッチコック・ロマンティック・スリラー」と表現し、他にも多くの人が『ヒッチコックを思わせる殺人ミステリー』としてヒッチコックとの関連性を言及した。映画に接した多くのメディアが『別れる決心』でヒッチコックを思い出した理由は何だろうか。

ヒッチコックの映画「めまい」は、彼の作品の中でも優れた名作として評される。パク・チャヌク監督も「めまい」を観て映画監督になろうと決心したほどだ。過去の事件によって高所恐怖症を患っていた前職刑事が、自分が助けられなかった女性とそっくりな女性に会って恋に落ちる話を描いた「めまい」は、捜査の対象を追う中で愛情を感じるようになり、その女性でうずまくある事件が起きるが、このような部分が「別れる決心」と重なる領域が多く見える。これは「めまい」の大ファンであるパク・チャヌク監督のヒッチコックに対する愛情であり、オマージュである可能性を充分に感じられる部分だ。「めまい」だけでなく、「ヘジュン」が「ソレ」を観察する場面はヒッチコックの「裏窓」を連想させる。

もちろんヒッチコック監督の影響が最も大きいだろうが、パク・チャヌク監督は「別れる決心」の共同執筆者チョン・ソギョンに執筆前に観てほしいという作品をひとつだけ言及した。それはデヴィッド・リーン監督の映画「逢びき」だった。「逢びき」はそれぞれ家庭を持つ男女が友人のように会っていたが、やがては愛を感じ、家庭を守るために結局は別れる過程を描いた作品で、男女の愛に対する長く残る余韻を描きたいパク監督の意図がうかがえる推薦だった。

容疑者と刑事が描き出すロマンティック・スリラーというジャンル的説明は後に回しても、「別れる決心」の長く残る余韻は、パク・チャヌク監督が描き出した次元が変わったメロ映画の証拠だといえよう。今や世界中の映画ファンは巨匠パク・チャヌク監督の新しい歩みに注目すべきだ。おそらく今後の彼の作品は、『ポスト・ヒッチコック・ロマンス・スリラー』ではなく、愛するヒッチコックから離れたパク・チャヌクならではのカラーで新しく描き出した彼ならではの作品が出てくるだろうし、必ずや『パク・チャヌク・ジャンル』というタイトルが鮮明に刻まれることだろう。

パク・チャヌク

1992年「月は…太陽が見る夢」で映画監督デビュー。その後も映画評論活動を続け、1994年批評集「映画を見ることの隠密な魅力」を出版。2000年南北朝鮮兵士の友情を描いた映画「JSA」が600万人の観客を動員し、韓国史上最高の大ヒットとなる。2001年フランスのドーヴィルで開催されたアジア映画祭でグランプリを獲得、同年大鐘賞最優秀作品賞、青龍賞監督賞を受賞。2004年、「オールド・ボーイ」(03)で韓国映画史上初のカンヌ国際映画祭グランプリを受賞し世界から注目を集める。他の作品に「復讐者に憐れみを」(02)など。「イノセント・ガーデン」(13)でハリウッドに進出。「お嬢さん」(16)では、第71回英国アカデミー賞非英語作品賞を受賞。最新作「別れる決心」(22)が第75回カンヌ国際映画祭で監督賞を受賞した。「別れる決心」は2023年2月17日より日本での公開を迎える。

1992 月は…太陽が見る夢
1997 3人組
2000 JSA
2002 復讐者に憐れみを
2003 オールド・ボーイ
2005 親切なクムジャさん
2006 サイボーグでも大丈夫
2009 渇き
2013 イノセント・ガーデン
2016 お嬢さん
2022 別れる決心

女優・筒井真理子、「オールド・ボーイ」を語る。

パク・チャヌク監督の
いいなと思う所なんですけど、
韓国は儒教の国ですので色々なことに
関して規律があるかと思いますが、
その中で近親相姦を扱う
気概みたいなものは好きです。

聞き手――溝樽欣二
構成――濱野奈美子

――筒井さんが主演された映画「よこがお」は復讐の話ですよね。

「はい。ただ大それた復讐ではないんです。あの作品で深田晃司監督と最も話し合ったことのひとつは、自分が（犯人の身内だと）名乗りでるか出ないかという点です。名乗り出ずに逃げ切りたいって気持ちを大きくしてしまうと、ベースが良い人でなくなるので、日本の人にとっては感情移入しづらい役になるかなと思ったんです。でもそちら側をあえて選んだ感じでした。感情移入しづらい、ある意味人間的な、ちょっとダークな部分の方を強くしました」

――筒井さんには復習する人の心理を伺いたいんですが、「オールド・ボーイ」は逆恨みと言えなくもないですよね。共感できたりしますか？

「共感というより、映画として楽しんで経験したって感じです。公開当時ものすごく評判が良くて、だからハードルを高くして観に行ったんです。男の人が好きな映画だなと思いました。そういえば推薦してくれてた人もみんな男の人でした。でも今回観て思ったのは女優さんた
ち良いなと。パク・チャヌク監督の映画って暴力シーンに引きずられてそっちばっかりに目がいっちゃいますけど、娘役とお姉さん役の女優さんがすごく良いですね。お姉さんのスアの純粋そうな、あの佇まいも好きでした」

――二十年前観たときと今の感想の差は何なんですか？

「やっぱり印象として覚えてるのはバイオレンスシーンに体が気圧されるというか、そればっかりに目が行っちゃってた感じです。前評判はあまり聞いて行かない方がいいですね」

――女優に目がいったのは何故なんでしょう？

「余裕を持って楽しめるようになったっていうことでしょうか。あの監禁されている部屋の廊下でこれでもかって敵がやってくるシーンも「そこ押さえ込めるでしょ」とか、なんか結構突っ込みながら観られるようになった

ので。意外とツッコミどころ満載じゃないですか。歳を取ったからですかね？　そうすると周りのこともいっぱい見られるようになりましたね」

――でも女優の役は二人ともすごくチャレンジングな役ですよね。

「そうですね。パク・チャヌク監督の一番いいなと思う所なんですけど、韓国は儒教の国ですので色々なことに関して規律があるかと思いますが、その中で近親相姦を扱う気概みたいなものは好きです」

――そのシーンをあそこまで描いたということは、他の作品と決定的に違いますね。

「まだ二十年前くらいですしね。わりとそういうところに切り込む監督なんだなと。キム・ギドク監督も若い頃はもう「うわっ」って思って観てたんですけど。「濃いなー」って突っ込みながら観られる余裕ができたんですかね」

――この辺のラブシーンはむしろ見たくないみたいな意識はありませんか？

「そうでもないです。でもその辺は全然覚えてませんでした。最後のはさみとか金槌とか痛そうなのは覚えてたんですけど。ガラスが割れたり、とか。女優さんたちのことは何も覚えてなかったんですよね。だから是非、そちらも観てくださいって思います」

――女優さんが結構脱いでますよね。

「あの時代の韓国では結構なチャレンジですよね。確かに韓国映画であんまり見たことないですね。ポン・ジュノ監督もないし、イ・チャンドン監督もないですね。お若いですし、覚悟はいったと思います」

――復讐という点では、別に理解するまでは行かないですか？

「そうですね。十五年監禁された方の復讐ですけど、人生って理不尽だし不条理だし。そんな懺悔日記を書いても思いつかないほどのことが人を傷つけていたんだと、そこら辺がとっても「ま、そういうもんだな」って。しでかしてるんですね、ほとんどの人が」

——結局自分の根源的な、守っている大切なものを傷つけるやつは万死に値するっていう。

「そこまでする？　っていう感じの復讐なんですけどね。でもそこで何年間も失くしちゃったら復讐したいって気持ちになったりするかもしれないですね。他に何か生きる縁みたいなものがあればそっちには走らないかもしれないですけど。「よこがお」も最初、正直復讐ってあんまりピンとこなかったんです。でも撮影に入って、もう全部失って、NPOでも「あなたは加害者だから」って拒否されて、慈善団体にも見捨てられるんだなって。そんな時に池松（壮亮）さんを偶然ちょっと見掛ける。それで何かをしなければ生きていけないっていう感じ、それが生きがいになってる感じは分かりました。最初に復讐するイ・ウジンも「それが終わったらどうなる」って、主役のオ・デスに問いかけますよね。彼自身もそうなんだろうなって。いつでも自殺できるようになっているし。その辺も面白かったです」

——セリフで「復讐は健康にいいよ」ってありましたからね。癒すというか。

「私の友達がついこないだやったのが、仕返しできなかった人がだんだん仕返ししていく役だったので、聞いてみたら「うん、分かる」って。ちょっと駅でぶつかってきた人がいたら後で見えないようにカバンで「んっ」ってしちゃうくらいのそんなことだけどって。確かにそれは健康にいいかもしれない。ちょっと胸がすくっていうぐらいですかね」

——いい話ですね。いやでも結局その人にとってはそれは同じです。もう十五年は同じ十五年であるわけなので。

「そうなんです。彼すごいですよね。それをずっと持ち歩いているって」

――自分が演じることを考えたりしますか？　この男と女を変えて。

「十五年監禁する役の方が面白いかもしれませんね。いっぱい暴れてみたい、アクションやってみたいと思います。主役の方も、それはそれで面白そうだなっていうのはありますけど。でも、本当濃いですよね。もう泣くときもすごいですよね。オープニングで警察に捕まるじゃないですか」

――ちょっと酔っぱらって。

「そこからすごいですもんね、テンションが」

――十五年捕まってても別におかしくないくらいのひどい男じゃないですか？

「ひどいっていうよりなんかうるさい人って感じですね。どちらかというと酷い描写はあんまりなくて。意外とダメだったんですかね？　酔っぱらって暴れてる人、昔は日本にいっぱいいましたけどね」

――でも最初からこうぐっとストーリーに引き込まれる。

「最初はわりと普通のテンションの人だったら映画としてどうなるんでしょうね？　彼の演技が何か典型的なこうダメ親父だから、人のことを悪気はないけど傷つける。本当に悪いことはしない。だから自分がやったことはとっくに忘れてる。そんなものかもしれないですね」

――チェ・ミンシクの立場に立つと十五年も監禁されて、でも思い出せないわけじゃないですか。かなり自分の記憶の遠いところで起きたことだから。でも、最終的には思い出すんですよね。

「私も、何かきっと忘れてることがあって懺悔日記からこぼれ落ちてること（笑）。傷つけたことがあるかもしれないですね。自分では気づいていない訳ですから」

――あらゆることにありますよね。男と女も。

「そうですよね。でも、彼はその噂でお姉さんを亡くすわけですから。彼にとっては全てみたいなものだったかもしれないですね」

――韓国映画を観るきっかけって何かありますか？

「俳優さんがしっかりしてますよね。やっぱり学校もあるし。役者って訓練するものだって思ったほうがいいと思うんですよね。今、一生懸命訓練してる若い子達がいっぱいいるから頼もしくって。もちろん年配の方ですごくリスペクトしてる方もいますけど、若い子たちとお仕事するのすごく好きですね。みんな勉強してるし。勉強っていうと頭でっかちって思われるかもしれないけどそんなことなくて、身体を磨くとか、感覚を研ぎ澄ますとか、五感を鍛えるっていうことなんです。海外の監督とご一緒したときに、共通言語があるんですよね。芝居に入る前の〝モーメント・ビフォア〟っていう、それに関してここまでどう思ってるのかっていう、共通言語的なお芝居ってあると思うんです。例えば映画のスキルだってあるじゃないですか。日本で撮ったものをフランスで編集できたり。みんなの当然のスキルみたいなことがあると思うんです。韓国の役者さんたちって、そういうことがすごくしっかりしてるような気がします」

――なるほど。

「身体にしても、「ＪＳＡ」でイ・ビョンホンが足を怪我して引きずるんですけど、それもすごくちゃんとしてます。足を引きずってる風では駄目な訳ですよね。よく〝ビリーバブル〟っていうんですけど、役者のやってるその世界の中で信じられるリアルだと思います。リアルを超えようがフィクションであろうが信じられるっていうところに、やっぱり役者は行かなきゃいけないと思うんです。訓練すると意外と面白くできることっていっぱいあって、そういうことを皆さんちゃんとやってるような気がしますね。アクターズスタジオもそういう訓練だと思うんですよね。頭で動いて言うセリフじゃなくて、その人が衝動的に言いたくなった言葉がたまたまセリフだったっていうことをちゃんとやってるんじゃないかなと。切磋琢磨できる場所もいっぱいあるだろうし。韓国映画はブームになって役者さんになりたい人もいっぱいいるだろうし。そういう教育機関もいっぱいあるだろうし羨ましいですね」

――イ・チャンドンの「オアシス」のムン・ソリの障害者の演技は、障害者のところと健常者になるシーンの落差とか。

「驚愕ですよね。凄いです。本当にちゃんとされてると思う。私、イ・チャンドン監督は「シークレット・サンシャイン」が大好きで、主人公の彼女が宗教に入って少しずつ精神を取り戻していって、犯人を許せるかもしれないと彼女は面会に行った訳です。が、そうしたら同じ宗教によって犯人は既に救われていたんですよね。その時、彼女の価値観がぐにゅっとねじ曲がり、表情がガラッと変わったシーンは素晴らしかったです」

――私はムン・ソリに筒井さんと同じ匂いを感じました。ムン・ソリはもっと演技する人ですけど、筒井さんはなんかやっぱりそうあるとしか言いようがない何かですよね。

「ありがとうございます。でも韓国の激しさみたいなものと日本のこうわりと控えてるところその違いもあるかもしれないですね。「カエル少年失踪殺人事件」とか大好きなんですけど、あれは一人のお母さんがすごく耐える人で、日本人的ですね。その人がものすごく印象的でした。結局嘘ついてる理由がたわいのないことだったんですけど、そのお母さんが誤解されるんです。とても印象的でした」

――「オールド・ボーイ」はハリウッド映画で言えばヒッチコックに似ていると思ったんですけど。

「それは思いました。あの彼女が落ちるところとか、「めまい」とかヒッチコック監督のオマージュみたいなところありますよね。昔何かで読みましたが、パク・チャヌク監督は、十五歳から二十五歳ぐらいまでのいろんなものを吸収する時期に、映画学校もないし、観ることでしか勉強できなかった。だから自分は変なものを作ると。だからそれ自体が彼の味ですかね。もう少し若い世代は勉強できたんじゃないでしょうか？　キム・デジュン大統領時代に韓国エンターテインメントをコンテンツとして世界に輸出するという国策が掲げられたので、ポン・ジュノ監督ぐらいの世代はそういう教育を受けて、その前の世代のパク・チャヌク監督は受けられなかったと思うんですよね。だから、ご自分でめちゃくちゃなものを作るって謙遜しておっしゃったと思うんですけど」

――韓国はK-POPもそうですが、あらゆるものがグローバル・ターゲットなので、わからない映画は基本作らない。

「でも、ホン・サンス監督は違いますね」

――ホン・サンスは五万人ぐらいのために作ってますね。

「いいですよね。ポン・ジュノ監督も大好きで、全作品拝見してますが、昔の『吠える犬は噛まない』とか『殺人の追憶』とかゴツゴツしてる感じの作品が特に好きです」

――韓国の大変な問題を入れ込むのがうまいですよね。さっきおっしゃった儒教感とか貧富の問題とか、やっぱり必ず韓国映画には入ってくるというのがハリウッドとは違いますよね。

「ハリウッドって基本的に大作には「貧困」を入れないですね」

――そっちはそっちの映画ねっていうふうになっています。

「例えばカサヴェテスとか、そっち側の映画にも「貧困」があんまり入ってないですよね。病んでますけどね。壊れてるんですよね。私は結構共感しますけど。確かにそんなに貧困って、あんまり出てこないような気がしますね」

――日本でもそれを描くのは難しい。せいぜい夫婦の問題ですよね。

「私、ショートフィルムの審査員を担ったことがあるんですけど、日本の作品は社会性があまり反映されてなくて、比較的身近な人たちの話が多く見受けられます。母と子、彼氏との話。政治的な話がタブー視されがちなので、それを表現しようとするとすごく大変なんだと思うんですよね。でも、他の国の作品だと、世界はこんなに動いているって思える。短編ですが圧倒的に面白いです。何か生きてる次元が違う感じがしちゃって。社会性だけを取り上げるわけではなく、何か今の時代に生きていることを描かないとなかなか見応えのある作品にならない気がします」

——先ほどの「カエル少年失踪殺人事件」も怖い話じゃないですか。怖さが隣り合わせになっている感じ、人々の心の中に闇がある感じを描きますよね。

「統治されたり分断されたり大変なことが沢山ありますから。日本もきっとあるだろうけど語らないように、見ないようにしている気はします。「オールド・ボーイ」のセリフで「砂粒も岩も一緒」とあります。小さい罪も大きい罪も同じなんだっていう意味だと思うんですけど、主演の方にとっては砂粒だったんですよね。でも一方の彼にとってはもう生きる縁みたいなものがなくなっちゃうってことだったんですよね。その辺りも面白かったです」

——日本は大人の映画が医療ものか刑事ものになってしまって。

「職業ものですよね。そう言えば、パク・チャヌク監督はご自分で勉強をするときがなかったからめちゃくちゃなものを撮ってるみたいなことをおっしゃりながら、でも、実はすごく緻密に構図を考えてらっしゃると聞いたことがあります。「JSA」なんてすごくちゃんと考えられていますよね」

——「お嬢さん」もさらにビジュアルが洗練されていました。カンヌでは新作「別れる決心」で監督賞を取りましたね。

「大人の話のようなので、とても楽しみにしてるんです。大人の話、作品がいっぱい増えると良いなと思います」

——筒井さんには大人の代表としてがんばってほしいです。

「ありがとうございます。新作が来年公開予定です。他にも色々な作品のお話があるんですけどコロナで延期になったりしていて、大人の物語もありまして、それぞれの作品の公開を楽しみにしています」

——海外からのオファーはないんですか？

「ついこの間、シンガポールの女性監督がファンだと言って下さり、陸前高田に撮影に行ってきました。日本とシンガポールの合作です。きっと面白い作品になると思います」

——韓国も女性監督が増えてますすし、韓国映画にもぜひ出演してほしいです。

「ぜひ出たいですね。韓国映画の濃さって、パク・チャヌク監督だけじゃなくキム・ギドク監督もそうですが、シェイクスピアの「マクベス」の「きれいは汚い、汚いはきれい」って言葉を思い出すんです。もうドロドロ。その中ですごく透き通って見えてきたりするものがあったりする。すごく昇華されるというか、浄化されるというか。そこに行くから不思議です」

筒井真理子

10月13日生まれ、山梨県出身。82年早稲田大学在学中に、劇団「第三舞台」で初舞台を踏む。94年、映画「男ともだち」(山口巧監督)で主演デビュー。第69回カンヌ国際映画祭「ある視点」部門の審査員賞を受賞した「淵に立つ」(16／深田晃司監督)で毎日映画コンクール、高崎映画祭、ヨコハマ映画祭の主演女優賞三冠。第72回ロカルノ国際映画祭正式出品の主演作品「よこがお」(19／深田晃司監督)で令和元年度芸術選奨映画部門 文部科学大臣賞受賞。全国映連賞女優賞受賞。Asian Film FestivalのBest Actress最優秀賞受賞。主な出演作に、「青空に一番近い場所」(94)、「Lie lie lie」(97)、「黄泉がえり」(03)、「愛がなんだ」(19)、「ひとよ」(19)、「SHELL and JOINT」(19)、「影裏」(20)、「天外者(てんがらもん)」(20)、「怪談 満月蛤坂」(21)、「N号棟」(22)、「夜明けまでバス停で」(22)など。現在、Netflix オリジナルシリーズ全世界独占配信ドラマ「ヒヤマケンタロウの妊娠」、「エルピス-希望、あるいは、災い-」(関西テレビ・フジテレビ系)に出演中。今後も多数公開作品を控えている。

インタビュー

第3章 ポン・ジュノ

Bong Joon-ho

写真　丸谷嘉長

ポン・ジュノ

文——相田冬二

いいシナリオを書きたいんだ。
7本の映画はすべて自分で脚本を書いた。
自分なりにキャリアは積んだ。
だが、依然として難しい。

2022年は、韓国映画にとって記念すべき年となった。世界最高峰の映画祭、カンヌ国際映画祭において、ソン・ガンホが最優秀男優賞に、そして、最優秀監督賞にパク・チャヌクが輝いたのである。しかも、別作品。芝居、演出双方において、もはや韓国映画界は、世界を手中におさめつつある。

そこから遡ること3年前。2019年。コロナが世界に襲来する前の年のことだった。カンヌでパルム・ドール（最高賞）を獲得したのは、ポン・ジュノの「パラサイト半地下の家族」だった。

さらに、翌年発表の米国アカデミー賞では、なんと外国語映画賞ではなく、正規の最優秀作品賞を奪取。さらに、最優秀監督賞、最優秀オリジナル脚本賞までもぎ取った。英語以外の作品としては、驚くべき快挙である。

ヨーロッパ、アメリカを批評的に制したのみならず、興行的にも本国以外で大ヒットを記録した。現在、合衆国のHBOでは「パラサイト」のテレビシリーズ化が進行中である。

「パラサイト」、そしてポン・ジュノの代表作「殺人の追憶」の主演俳優でもあるソン・ガンホはこう語っている。

「彼は、驚くべき進化を遂げた。韓国映画を図形で表すとすれば、かつては正方形だった。だが、『パラサイト』は六面体なんだよ」

平面から立体へ。たしかに、それほどまでの地殻変動が、そこでは起きている。だが、この名優は、こうも言う。

「20年の付き合いがあるが、彼の演出は変わらないよ。いつだってユーモラスだ。だから、わたしたち俳優はみんなリラックスして演技に臨める。おそらく、ポン・ジュノは、そういう人間なんだよ」

長編はまだ7本。2000年公開の第1作、ペ・ドゥナ主演「ほえる犬は噛まない」から、わずか20年足らずで、エベレストのてっぺんを極めた。その歩みを振り返ると、この監督が常に痛快さと深遠さを同時に模索してきたことに思いあたる。

実際の事件からインスパイアされた「殺人の追憶」も、怪獣映画の韓国流ルネサンスとも言うべき「グエムル－漢江の怪物－」も、その異種としての超絶変奏曲「Okja／オクジャ」も、エンタテインメントと社会性が、なんの矛盾もなく同居している。

面白くなれければ映画じゃない、と言わんばかりの大風呂敷の広げ方は、スケールの大きさにベクトルが向かっているというよりは、着眼点の確かさを、エピソードの積み重ねによって鍛え上げていくような臨場感があり、彼自身が公言しているように、日本の優れた漫画群からの影響が色濃い。

漫画は、直裁的なアプローチによって、読者と世界との関係を明るみにしていくメディアだが、ポン・ジュノの映画に顕著な明快な構図力は、漫画のエナジーにも通ずるものがあり、連載を読み進めていくようなダイナミズム、最底辺から頂上を眺め、踏破していくような達成感が脈打っている。

その到達点が「パラサイト」である。富裕層を小馬鹿にしながら、その懐に入り込んでいく寄生虫＝パラサイト一家の冒険をローリングさせつつ、ある弱者を登場させることで、転覆スレスレの格差社会風刺を突きつける。

ある種の社会派映画が、良心や正義の側に軸足を置きつつ、自身のポジションを安定させるのに対し、ポン・ジュノは、弱者が弱者を嘲笑う世界の不条理も可視化させ、それを（シニカルではない）純粋な笑いに転換させる勇気を携えている。

つまり、ソン・ガンホによるポン・ジュノ批評通り、ユーモアとリラックスこそが進化を促す。芸術か、娯楽か、の二者択一ではなく、芸術が娯楽になり、娯楽が芸術になる、とめどないチェーンリアクションこそが、ポン・ジュノの真骨頂である。

インタビューでは、その巨体からは想像もつかないほど謙虚で、作劇に対する生真面目さが垣間見えた。また、「すみません」という日本語を口にする様が妙にフィットしており、微笑まずにはいられないチャームがあった。

――「パラサイト 半地下の家族」は、あなたのフィルモグラフィの中で、最も評価され、また、最も多くの人々に観られている作品になりましたね。

「Okja／オクジャ」はネットフリックスで撮った。「スノーピアサー」ではハリウッド俳優とも仕事をした。だけど、久しぶりに純粋に韓国で韓国の俳優と一緒に撮ったこの作品で、前2作以上に、国際的な熱い反響を得ているのは皮肉なことだね。もちろん、うれしいんだけど。

――これだけの快作ですから、アイデアを具現化して行く過程においては、さぞ心高鳴るものがあったのではないですか。

いや、僕は不安症なんだよ。絵コンテを一生懸命描くのは、不安症だからだ。ストーリーボードがあることで、心が安心する。ストーリーボードを用意しない、優れた監督はたくさんいる。たとえば（スティーヴン・）スピルバーグはストーリーボードに頼らないらしいね。精巧に描いたストーリーボードを基に、そのままカメラアングルを決めたり、そのまま撮ったりする計画通りの部分もあるけど、ただ、俳優に対しては事前に話し合ったり、リハーサルしたりはしない。俳優が演じやすい環境を作りたいんだ。それが目標。具体的なものは注文せずに、まずは撮ってみよう！　というところからスタートする。豊かな俳優陣が揃っているからね。いつも、とても楽な気持ちで撮影に臨んでいる。

――あなたが全幅の信頼を置くソン・ガンホをはじめ、すべてのキャストが素晴らしい！

映画監督になって20年。７本の作品を撮った。「パラサイト」もいつもと変わらず淡々と、いつもの気持ちで撮っていた。ただ、こんなことは起きたね。ソン・ガンホさんとすべての俳優のアンサンブルが見事で、この幸せなラインナップは生涯二度とやって来ないのではないかと思えるほどだった。それぞれのキャラクターに役者たちがぴったりハマっている。これ以上のキャスティングはない！　その手応えは、自分の人生の中でも格別にハッピーなことだったよ。

――あなたの映画にとって、最も大切なことはなんですか。

やはり映画において、いちばん大切なのはストーリーだと思うよ。

――ある存在が登場することによって、映画は急展開を迎え、どんどん加速していきますね。まさに、ストーリーの力を感じます。

あの存在は、ストーリーの基本構造をがらりと変えた。完全に変えた。物語をアップグレードしたんだ。ただ、弱者同士の闘いは悲しい気持ちになるし、苦々しくもなるよね。ソン・ガンホにはこう要約して伝えた。「この映画はとてもシンプルです。あなたの役の視点から見ると、階段を上がっていこうとした男が階段を下りていく映画です」と。

――「パラサイト」を観ていると、映画はいまもなお、確かに進化しているのだと体感し、震えます。あなたは、映画の進化を信じていますか。

映画メディアの運命や未来についてはよくわからないよ。僕は自分の足元の火を消すことで精一杯なんだ。シナリオに因果関係がしっかりあるといいな。いいシナリオを書きたいんだ。7本の映画はすべて自分で脚本を書いた。自分なりにキャリアは積んだ。だが、依然として難しい。誰かが代わりに書いてくれないかな？　まぁ、性格的に、他人に任せることができないから、抱え込んでしまうんだけどね。もう、ひたすら難しいよ。映画の未来に対して、素敵な解答ができなくて「すみません」。

ポン・ジュノ

1969年生まれ。大韓民国・大邱広域市出身。延世大学社会学科卒業後、韓国映画アカデミーで映画制作を学ぶ。劇場長編デビュー作は、監督・脚本を手掛け高い評価を得たペ・ドゥナ主演「吠える犬は噛まない」(00)。実際の未解決事件を題材にした長編2作目「殺人の追憶」(03)は、韓国動員520万人を超える大ヒットを記録し、完璧と評される構成力が絶賛された。「グエムル－漢江の怪物－」(06)を発表。1300(2019年時点)万人を超え、当時の韓国動員歴代1位のメガヒットとなった。長編7作品目となる「パラサイト半地下の家族」(19)は、「母なる証明」以来10年ぶりとなる韓国映画。ジャンルにとわられない唯一無二の作風に磨きをかけ、見事、満場一致でカンヌ国際映画祭最高賞のパルムドールに輝いた。さらに、アカデミー賞の作品賞・監督賞・脚本賞を受賞した。

2000 ほえる犬は噛まない
2003 殺人の追憶
2006 グエムル－漢江の怪物－
2008 TOKYO！
2009 母なる証明
2013 スノーピアサー
2017 Okja/オクジャ
2019 パラサイト 半地下の家族

インタビュー

第4章 キム・ボラ

Kim Bora

キム・ボラ

文——大森美紀

何も知らない無垢な女子中学生ではなく、
いろいろわかっていて、
つらくて、寂しくて……
そんな本当の顔をもつ女子中学生を
描写したかったんです。

2019年、韓国映画が100周年を迎えた記念すべき年に公開され、15万人という観客動員数と10億ウォンを超える興収を記録、独立映画としては異例中の異例といえる好成績を収めた「はちどり」。監督は本作が長編デビュー作となるキム・ボラだ。

韓国には優れたデビュー作をひっさげて早々と『作家主義』監督の仲間入りを果たす若手監督が多数存在する。日本の監督たちが羨む国の独立映画支援制度のもと、短編映画などでその潜在能力を認められた若手監督たちが長い時間をかけて長編映画デビュー作を準備する。ある意味、自分の撮りたい世界を表現することだけに集中して作られたデビュー作を観ればその監督の作家性を判断できるといってもいいだろう。

「はちどり」もそのような状況下で生まれた映画であり、このデビュー作には監督が映像作家として表現したいことが濃密に投影されている。映像表現やストーリーテリング、そういった技法としての巧みさは基本的に身につけた上で、いかに自分の撮りたい物語を映画にできるか。「はちどり」の素晴らしさはそこにある。

長い時間をかけて完成させたシナリオ、納得がいくまでテイクを重ねた撮影、いろいろな人からの意見を聞きながら何度もやり直された編集……全てにおいて諦めなかったキム・ボラの強さがある。「はちどり」では全ての出来事が14歳の少女・ウニの目線から、彼女が感じたままに映し出されていく。

だが、それを映し出すカメラは、ウニとはある一定の距離感を保っている。ウニを含む全ての登場人物が併せ持っている光と影の部分を同時に映し出し、揺れ動く不安定な心を優しい目線で温かく包み込む。何気ない日常のそこここに潜んでいる自分を傷つける存在との不可避な出会い、そしてまた、前触れもなく訪れる病気や災害。

だが、それらを癒してくれるまた別の出会いが必ず訪れ、何かを失いながらも同時にまた別の何かを見つけている。誰もが経験しているはずのそんな時間の積み重ねをキム・ボラは「はちどり」という自分の物語の中に描き出したのである。

――1994年を舞台に選んだ理由はどういうところにありましたか？

聖水大橋の事故があったので1994年を背景にしました。この映画はウニの成長映画というだけでなく、韓国社会の成長も含んでいるんです。物理的な橋の崩壊という事故が、ウニという主人公の内面、主人公を取り巻く人々の関係、社会や家族がどのように密接に繋がっているのか、〝個〟と〝事故〟をどうすれば映画的な大きな構造として描けるのか、また、〝個〟と〝事故〟の連結のようなものを映画で見せたいという思いがあったんです。

――物語は、誰でも一度は通りすぎる、痛みを感じる「時」。つまり、もう無垢ではいられない。

韓国に〝中2病〟という言葉があります。その年頃の子供が感情面でとても敏感になることをからかう感じで使う言葉ですが、その時期が過ぎて大人になれば冗談のように話すことができても、実際、私たちがその時期を振り返ってみたとき、その当時は冗談では済まされないことだったわけですよね。その時期に、大人たちが経験するのと同様、孤独、悲しみ、恐怖、喜び、寂しさなど、普通に感じるさまざまな感情を子供たちも同じように感じるんです。大人になれば感じ方も鈍くなりますが、子供たちにはもっと生々しく感じる。私は〝中2病〟という単語の風刺的な部分を真面目に描いてみたかった。ひとりの少女の成長物語を、英雄の一大叙事詩のように大きな絵として描いてみたかったんです。女子中学生の本当の顔を、可愛くて、優しくて、何も知らない無垢な女子中学生ではなく、いろいろわかっていて、つらくて、寂しくて……そんな本当の顔を持つ女子中学生を描写したかったんです。

——流行のフェミニズムとひとくくりにされませんか？

男性監督が男性主人公で映画を撮っても誰も何も言わないでしょう？　私は実際、フェミニストではありますが、それを映画に込めたりはしません。女性を主人公にした映画で、登場人物にも女性が多かったのでそのような反応が多かったのは確かですが、女性を主人公にしなければいけないと考えたわけではなく、自然とそうなっただけ。この映画に対する世界の反応を見ながら、〝これまで映画というものはとても男性が中心的なものだったということだな〟と逆に驚いたんです。むしろ、これから私がどんな映画を作っていかなければいけないのか、あらためて考えさせられる機会になりました。

——監督自身がモデルと伝えられていますが？

部分的に実体験も入っていますが、結局、全てはフィクションです。私の自伝的な話です、といえば観客が増えるかもしれないし、興味を惹くかもしれないんですが、嘘はつけませんから。今日だけでも〝どれくらい本人自身の話なのか〟という質問を何度も受けました。映画は結局全て創作物。どこからどこまでが自分の部分、といったように測ることはできないんです。実体験が入っているとしても映画ではアレンジしているわけだし、なぜ、こういう質問が多いのか、逆に気になりました。この質問でまた、いろんなことを考えさせられることになりましたね。

——シナリオ完成から公開まで5年。時間がかかりましたね。

本当に長い時間をかけて準備してきました。製作費を節約するためにずっとひとりでリサーチをしました。1994年に関連する書籍や写真、実際に放送されていたニュース映像をたくさん集めて、全てを時間帯別に整理し、その中でこの映画に合うものを選びました。当時流行していた音楽もとりあえずいろいろ聴いてみて、その中からウニが好きそうな曲を選んで映画のトーンに合わせたり。低予算映画なので、お金がない分、時間をかけて一生懸命足を運んで調査するしか方法がなかったんです。

――90年代を再現することを徹底、奇跡的な出会いも。

例えば、ウニが背負っている黄色いベネトンのカバンは、90年代にある特定の地域でとても流行ったカバンでした。なかなか見つけることができなくて、演出部のスタッフが中古市場を回ったり、インターネットで探し出してくれました。ウニの両親の部屋にかかっている絵は私の実家の倉庫にあったもの、下駄箱は美術監督の実家にあったものです。両親の世代ってなかなか物を捨てないじゃないですか（笑）。いちばん大変だったのは場所でした。ソウルは移り変わりがとても激しい街で、再開発で変わってしまったところが多いのですが、江南（カンナム）エリア（映画の舞台となった地域）に再開発が中断されて90年代に建てたそのままの姿で残っている団地があったんです。そこで撮影をしたんですが、私たちの撮影が終わってほどなく取り壊されて……。撮影できて本当にラッキーでした。ウニが行く〝セソウル病院〟も、私がバスに乗っていたときに偶然通り過ぎた古びた病院なんですが、なぜか内部も90年代そのまま残っているんじゃないかと思っていきなり訪ねてみると、やっぱり30～40年間、内装を替えたことがないという病院で。ほぼそのままの状態を利用して撮影しました。低予算なのでスタッフが本当に苦労してくれたと思います。

――影響を受けた監督は？

エドワード・ヤン監督の「ヤンヤン 夏の想い出」がとても好きなんです。日差しがとても美しく、同時に、美しさというものをとても上手に映し出している映画だと思います。もうひとつ、是枝裕和監督の「誰も知らない」

もとても好きな映画。子供たちが寂しさを知り、むなしさを知っている表情を見せるじゃないですか。それがとても画面に現れていて、とても悲しい話ではあるんですが、日差しがとても美しい。そんな色彩イメージがとても好きで、影響を受けていると思います。

――キャスティングについて。

やはりウニ役のキャスティングがいちばん重要だったので、最初に決めました。ウニが決まってから、ウニと少し似ている感じを持っている両親、そして兄、姉という順で決めていきました。漢文塾のヨンジ先生を演じたキム・セビョクさんは独立映画ではとても有名な俳優で、もともと注目していた方でした。キャスティングを確定させる前に、パク・ジフさんとキム・セビョクさんのふたりで台本の読み合わせをやってもらったのですが、それを見て〝このふたりならもうこの映画はできた、大丈夫だ〟と思いました。ジフさんには今時の子供が感じることについてたくさん話をしました。セビョクさんにはウニをひとりの人間として接する態度について話し合いました。決まった答えを導くというよりは、質問を多く投げかけ、俳優に実際に沸き起こる感情に沿っていこうと努力しました。いろいろ話し合うことが重要だと思います。

――生徒の前で煙草を吸うアナーキーな先生、ヨンジ。

ヨンジというキャラクターを立体的に描きたかったんです。いい人ではあるんですが、お決まりのいい先生である必要はないと思いました。ヨンジを通じて理想的な大人の姿を見せようと思い、私の考える理想的な大人は、ウニに煙草を吸うなとか、あれはダメ、これはするなとは言わないと思ったんです。映画では削除された場面に、ウニがヨンジに煙草をねだる場面がありました。ウニは好奇心から、記念にするから先生の煙草がほしいとねだるんですが、ヨンジはウニに煙草をあげて〝本当に寂しいときに吸いなさい〟と言うんです。とてもいいシーンだったんですが、繋がりや尺の都合上カットすることに……。なぜそんな場面を作ったかというと、ウニに対して普通の大人が言うような小言をヨンジが言うとは思えなかったし、ヨンジはウニに毎日煙草を吸っていいとも言っていません。本当に寂しいときに一服しなさいというセリフで、子供をよくない方向に行かせる人ではなく、人生に大切な教訓を与える人にしたかった。そして、ヨンジは実際にウニに本当に大切な教訓を与えて去ることになります。そんな立体的な部分を見せたかったんです。

――約3億ウォンという製作費。監督自身がプロデューサーも兼任。

私が製作にまで関わったのは単純に製作費節約のためでした（笑）。誰かと一緒に作業するとなると、そこでギャラが発生してしまうので、私がノーギャラで自ら走り回って作らなければならない状況だったんです。製作費の都合上、私がプロデューサーの仕事までせざるを得ないという必然的な選択でした。やらなければならないからやっただけで、とても大変だったことは確かです。

――韓国独立映画の現状について、もう少し詳しくお願いします。

ほとんどの独立映画は、〝独立映画製作費支援制度〟の支援金を受けて作られています。メインとなる韓国映画振興委員会（ＫＯＦＩＣ）、ソウル・フィルムコミッション（ＳＦＣ）、城南文化財団という3つの団体があり、審査を通過した映画だけに支援金が出るのですが、そんなに高額の支援金が出るわけではないので、皆が苦労しながら作っています。それでも、アメリカには政府の支援制度自体がないですし、韓国という国がきちんと映画を支援してくれていることにとても感謝しています。独立映画の場合は特に、プリプロからポスプロまで段階ごとに国からの支援があります。「はちどり」の上映でドイツやロンドンの映画祭にも行きましたが、ある一定の基準を満たす海外の映画祭で上映される場合、そのうち1回は国が渡航費を負担してくれる支援があり、ＫＯＦＩＣを通じて受けました。そういう支援があるということを海外の人に話したとき、とても驚かれたことがあります。また、支援制度以外の話ですが、一昨年あたりから、独立映画で女性監督作品がたくさん作られるようになってきました。そういう変化は励みにもなりますし、さらに勢いを増していけばいいなと思っています。

――「はちどり」のヒット以降、イ・オクソプ監督の「なまず」、ハン・ガラム監督の「アワ・ボディ」が相次いで劇場公開。女性監督ブームの立役者に？

私はまだまだ女性監督が少ないと思います。全世界的に見てもそうです。カンヌ国際映画祭をとってみても、コンペ部門には女性監督作品がほとんどなく、非コンペ部門にやっと見つけられる程度です。そんな状況において、女性が映画を専攻したとしても映画監督を目指すこと自体がとても難しいことだと思います。私も大学院を出ましたが、ただ漠然と講師や教授になるのだろうと思っていました。そう考えれば常識的でまともな人間に見えるだろうと思ったんです。映画監督になるなどと言い出せば非常識な人間と思われかねない雰囲気でした。私が通っていた大学は何十年もの歴史がある映画学科だったんですが、その大学出身で今でも活躍している女性監督はほとんどいないんです。同期の中でも長編監督としてデビューした女性監督は私ひとり。だから、私が女性として映画を作れるのだろうかと本当に疑心暗鬼でしたし、恐れもありました。「はちどり」が公開されてから思ったことは、今後、女性監督たちがもっと自信を持てるようになればいいなと。制度的にも文化的にも、女性監督の作品がもっとたくさん世の中に出て、目標にしたくなるような女性監督がたくさん現れ、女性が映画を撮ることが特別ではなくなればいいと思います。これは韓国だけの状況ではなく、世界的にも同じです。こんな状況下で、今後どのように映画を作っていかなければいけないのか常に悩みつつ、ポジティブに考えていきたいですね。

――韓国映画100周年記念の〝100×100〟プロジェクトに選ばれ、韓国を代表する女性監督に？

記念すべき年のプロジェクトに参加することができて、とても嬉しかったです。ただ、短編は、短い時間の中に自分の特色を出しつつ上手くまとめなければならないので、より難しい面もあるようです。

――〝キム・ボラのような監督になりたい〟と思った少女たちもたくさんいることでしょう。

最初、韓国の配給を担当したアットナインとは〝5万人を超えるといいね〟と話していました。ここ数年で大ヒットした独立映画の記録がそれくらいだったからです。5万人を突破したときは嬉しかったですね。そして、14万人を超えたときはもう、皆で驚いて（笑）。感謝しかなかったです。高校時代の恩師や幼なじみから突然連絡が来たりもしました。人間の縁って不思議なものだなと思いましたし、結局、人と人とはどこかでずっと繋がっているんだなとも思いました。いちばん嬉しかったのは観客の皆さんの反応でした。〝自分の傷を表現する言葉が生まれたような気がする〟とおっしゃってくださった多くの女性観客からの心に響く言葉に励まされました。

――桂園（ケウォン）芸術高校演劇映画科、東国大学映画映像学科を経て、ニューヨーク・コロンビア大学大学院映画科で学んだキム・ボラ監督から見た韓国映画の魅力とは？

いろいろな海外の映画祭に参加しましたが、どの国に行っても、好きな韓国映画の話や、なぜ韓国映画がこんなに面白いのかと質問される方がたくさんいらっしゃいました。韓国映画が世界でとても愛されているんだと感じましたし、そのおかげで歓迎してもらえてありがたく思いました。国家主義というものに対しては常に警戒する気持ちもあったのですが、先輩映画人たちが作ってきたものがあったからこそ、今、私が映画を作ることができている部分もあると思いますし、ありがたく感謝しています。韓国映画の魅力……。私は韓国という国自体、とてもダイナミックな国だと思っています。自分の国を本当に愛する人であれば、自分の国を批判的な目で見ることも自然で当然なことだと思うんです。私も韓国が最高！　だとは思いません。自分の国を愛しているからこそ、より冷静に判断して、よりよい部分を見つけようとしています。「はちどり」もやはり韓国社会を批判する部分がありますが、その批判は、情と愛と信頼がベースにあってこそのものなんです。韓国社会はわずか数十年の間に劇的に変化しました。驚くべきことに、ポジティブな変化とネガティブな変化が同時に起こるようなダイナミックな変化を遂げたわけです。そうなるとどうしても亀裂や衝突がたくさん起こってしまうじゃないですか。そんな状況下にあって、映画も少し独特な傾向を持つようになったのではないかと思います。すでにいろんなものが完成されている国ではなかったので、超高速で短期間にいろんなものを作らなければならなかったし、長所も短所も混在しています。そんなエネルギーのもとで振り幅の大きい喜怒哀楽も自然に発生したと思いますし、文化全般に影響を与えていると思います。ただ、韓国の人々がもう少し自分のやってきたことを褒めて、認めてあげて、あまり頑張りすぎないでほしいなとも思っています。アジアの人って皆、頑張るじゃないですか。もうちょっと余裕を持って生きてればいいのにと思いますね。

――アメリカ留学で気付いたことは?

私は、韓国では自分が映画をうまく撮れると思ったことがなかったんです。韓国には褒めない文化というものがあって、特に、私の通っていた学校にはそんな雰囲気がありました。奨学金をもらってアメリカの大学院に行ってからは、教授たちが私の作品を褒めて応援してくれました。そのときに感じたのは、ひとりのクリエイターがどのような環境と出会うかがとても重要だということでした。もちろん、私自身が成長した部分もあると思いますが、私の演出スタイルを尊重してくれる雰囲気の中で、満ち足りた充足感があったことは事実です。アメリカも学校によってそれぞれタイプが違うと思いますが、私はいい指導者に出会えた運のいいケースだったと思います。教授たちも実際に現場で映画を撮っている映画人だったので、実質的な部分でも助言をもらえたこともよかった。韓国で映画の基礎的な文法を体系的に学び、アメリカで実践的にたくさん映画を作ったことがよかったのだと思います。

――「はちどり」の世界進出戦略を考えたブレーンシカゴ美術館附属美術大学（シカゴ芸術大学）大学院で映画を学んだマスオーナメント・フィルム代表、チョ・スアがいました。

映画を作っているときは、映画祭への出品まではあまり考えませんでした。というか、やることが多すぎて考えられなかった。もちろん、海外の映画祭での上映は念頭に置いていましたが、作っているときは作品の完成度だけに集中しました。映画が完成した後で、どの映画祭に出品し、どの映画祭に直接行くのかということをチョ・スアプロデューサーと相談しながら決めていきました。ベルリン国際映画祭が海外での初上映で、ジェネレーション14plusインターナショナル部門でグランプリを受賞できたことがとても記憶に残っています。まったく予想もしていなかったことだったので、本当に驚きました。あと、イスタンブール国際映画祭では、私の好きなリン・ラムジー監督から賞をもらったので思い出深いですね。

——これから撮りたい映画について教えてください。

ポン・ジュノ監督が〝クラシックを撮りたい〟とおっしゃったように、私もまた〝マスターピース〟を撮ることが目標です。映画の編集、音楽、演出など全ての調和がとれた場面を見るとカタルシスを感じます。もうこれ以上はできないと思えるほど自分が満足できるまで作業をしたいです。ストーリー、演出、撮影、編集全ての調和がうまくとれている作品を作るというのが結局は目標なわけですが、その基準は常に私が作った基準であり、自分自身が満足できる作品を作りたいのです。本当に些細でささやかな日常に驚異が潜んでいます。次に私が撮る映画も人間のリアルな暮らしとその世界を描く話になるでしょうね。

キム・ボラ

１９８１年11月30日生まれ。東国大学映画映像学科を卒業後、コロンビア大学院で映画を学ぶ。２０１１年に監督した短編「リコーダーのテスト」が、アメリカ監督協会による最優秀学生作品賞をはじめ、各国の映画祭で映画賞を受賞し、注目を集める。同作品は、２０１２年の学生アカデミー賞の韓国版ファイナリストにも残った。２０１８年、「はちどり」を監督。「はちどり」は、「リコーダーのテスト」で9歳だった主人公ウニのその後の物語である。

2018　はちどり

インタビュー

第5章

パク・チワン

Park Ji-wan

パク・チワン

文――生嶋マキ

これは女性監督の作品だ、
女性のストーリーだ、
というようなことではなく、
ただ単に「面白い作品だ」と
言ってもらえること。

「ひかり探して」は、始まりは一見ミステリーのようでいて内容は違う。オープニングに覚えた搏動は消え、観終わったあとは感動に変わっている。その感動はいつまでも引きずり、自分の今後の人生へとあたたかい光をさしこむほどである。

内容は、一生繋がりを持たなそうな女性たちが出会い、そして選んでいく人生が交錯するというストーリーだが、ミステリー仕立てのヒューマンドラマという構成がすばらしかった。そして、このような秀逸なドラマを紡いだ作者、監督がパク・チワン監督という女性である。世界的に進む女性監督の登場だが、その中でも韓国映画界においてそれは顕著だ。

本作の配給を担い、日本に紹介した映画プロデューサーの李鳳宇はその背景と理由を語る。

『まず韓国映画はロケで走り回る、というラジカルでライブ感のあるものが多いので、日本のアニメーションのように、コロナ禍でも作れるもの、という概念がありません。日本はコロナ禍でもアニメ映画の興行が安定していたけれど、韓国は大きく傷ついています。韓国映画はファンド形式で製作されるケースが多いので、斬新な企画や才能ある監督、上手い俳優さえ決まれば、ファンドが製作費の大部分を負担します。一昨年発表された2019年の統計では、約45本の映画に於いて、出資したファンド各社の運用益が104・8パーセントだったと白書が発表しています。全体的に黒字でそれなりに投資家のお金が還元されているという事が分かりますが、コロナ禍の影響で昨年以降はかなり停滞していると聞きます。そういう時代に台頭してきたのが、女性監督です。かつては、才能があってもファンドマネージャーたちは、サスペンスとかアクションのようなバジェットの大きい映画に女性監督というだけで敬遠するケースがありました。確実に成功するポン・ジュノやパク・チャヌクといった監督への投資が優先されるのは当然の流れでしょう。けれど、スター監督の後ろに控えた2番手以降の監督や女性監督には仕事が回ってこない訳です。それがコロナの影響で反転して、若手監督や女性監督たちにチャンスが巡ってきたんです。ビックバジェットを控えて、ローバジェットでも確実に佳作、秀作を生み出せる女性監督に注目が集まりました。韓国は映画アカデミーや韓国芸術総合学校など、映画、演劇に関する教育機関の水準も高いのですが、そこに通っている半数は女性です。特に映画アカデミーは入学者の割合は女性が若干上回っている程です。さらに現在、Netflixで高視聴率を稼いでいる、いや高視聴率とは言わないけど、多く見られている韓国ドラマのほとんどが女性作家のドラマです。女性作家がキャスティングボードを握っていて、彼女たちが女性監督を選ぶケースも増えています』

一方で、韓国映画に現れた女性監督の傾向は、キム・ボラ「はちどり」、ユン・ダンビ「夏時間」など半自伝的で近過去を扱った映画が多いというところだ（原作ではあるが「82年生まれ、キム・ジヨン」なども同様の傾向にある）。こうしたところに、確かに作家性はある。

しかし、パク・チワンはより堂々と、映画に、ドラマに真摯に取り組んでいる。王道の映画。まさに、ポン・ジュノやパク・チャヌクが築いてきたエンターテインメントと作家性を有した映画。その流れを彼女は女性監督として担おうとしている。

――幼少の頃から映画が好き、何かを描くことが好きで、その頃より物語を紡いで遊ぶ子どもだったとお聞きました。

子どもの頃からお話を書くのがとても好きで、クラブ活動をしていたんです。クラブ活動といっても国が行っている青少年向けの部活のようなもので、地域や学校に限らず、全国単位で行われていた活動でした。高校生になったら演劇部に入りましたが、今度のそれは演劇に特化した部活でした。当然、意欲のある有志の集まりですから、みんな役者をやりたがりますよね（笑）。そこで、みんなが出られる演目をやろう、と。部員が10人いたら10人が同じように登場できる台本を探したんですけど、みんなが出られる台本って意外にないものなんですよね。どんなに探しても見つからないし、結局、自分たちで台本を作ることにしたんです。その時に、やはり子供の頃から本を読んだり、物語を書いたりするのが好きだったことが役に立ち、改めて何か物語を考えることに傾倒していった気がします。

――やわらかな雰囲気とはギャップのある芯の強さを感じます。その後、本格的に映画への道へ進むことになったきっかけは何だったのでしょうか？

私が大学に入ってからです。当時、韓国ではカッコいい映画がたくさん作られていたし、自国以外からも注目され始めていた時期だったんです。ですので、映画を作りたいという気持ちがまた高まっていき、せっかくなら一から勉強をし直そうとまずはスクリプターに就きました。

――スクリプターは、監督の隣で全てを記録して把握するお仕事ですから、映画制作の現場で学ぶには最高の職業だと想像します。

俳優という職業はやっぱり生まれ持っての才能がなければなれないので、私は早くに、演じるよりも全体をまとめることの楽しみを感じていたんです。それこそ、先ほどの高校時代の演劇活動の頃になります。お芝居を作っている人たちをひとつにまとめていくというのは、なんて楽しいのだろうと。そこで、映画学校を卒業した後は、すぐにスクリプターの仕事に就くことにしたんです。私はこれまでに2作品のスクリプターをやらせていただいたのですが、一本がフィルムの作品で、一本がデジタルの作品。まさにフィルムからデジタルに移行する時期にスクリプターの仕事をしたことは貴重でしたし、とても勉強になりました。これから映画の世界が変わっていくんだな、という歴史的な瞬間に立ち会えていたのです。そして、その1本目が、「彼とわたしの漂流日記」という作品。これは私の初めての現場ですが、とにかくすごく楽しかったことを覚えています。なので、その「彼とわたしの漂流日記」の録音されていたレコーダーの方に、「ひかり探して」の録音に入っていただきたいとご連絡をして、〝私の作品で録音を担当していただけませんか？〟とお願いしたら、快く引き受けてくださいました。かなり時間が経っていましたが、その方は私のことを忘れないでいてくださって、〝ついにあなたも映画を始めることになったのですね！〟と喜んでくれました。もう1本は「超能力者」なのですが、「超能力者」で一緒にお仕事をしていたスタッフが、「ひかり探して」が上映されたときに観てくださったということで、「すごくよかったです」とご連絡をくれたんです。私自身も長く映画に携わっていると、こんな風にまた人と人が出会えるんだと感動です。とはいえ、ひとつ気がかりなことが……。それは、私は果たしてあの頃スクリプターの仕事をしっかりとこなせていたか、ということ。というのは、「ひかり探して」のスクリプターの方がとても素晴らしくて！　その方を見ていると自分のあの頃が気になるのです（笑）。

――きっと素晴らしかったと思いますが、そのように、人との縁を大事にされているがゆえ、いろいろ繋がっているのかなと感じます。

たくさんの作品に関わっていたわけではないのですが、当時ご一緒にお仕事をした方とは、プライベートよりもまた再び現場で会いたいという気持ちがとても強いんです。ですから今でも、〝いつか仕事をしよう〟と常に考えている人がいます。それと並行して、実際に会える以外の人、このコロナ時代に、会えない人とどのように一緒に生きていくべきか？　も考えています。特に、「ひかり探して」を制作中の間は、私が30代半ばを過ぎようとしていた年。自分自身もこの社会の中で、どんな将来を歩んでいくのか、自分自身にも問いかけ始めた時期なんです。だから、普通に生きていくとまったく関わりを持たなそうな〝見えない相手〟と、どんな気持ちで、どんなふうに共生していくことができるのか。そういったことを、否が応でも考える時間ができてしまったのが、コロナ時代です。「ひかり探して」は、そういう私の模索した道、問いかけが入り混じった作品ともいえます。

――とても深い問いかけです。パク監督が影響を受けた作品や監督を教えてください。

私が映画を作りたいという気持ちがどんどん高まっていった頃って、韓国映画は時期的に世界へと飛躍していく過渡期だったんです。韓国映画は海外からも脚光を浴びており、私の好きな作品もその中にたくさんあります。パク・チャヌク監督、ポン・ジュノ監督、イ・チャンドン監督の作品など、2000年代序盤以降に作られた作品から、私はまんべんなく影響を受けています。そして、私が映画学校に入った頃には、スリラーやミステリーにも関心がありましたので、デビッド・フィンチャー監督の作品をよく観ていました。

――以前、パク監督が韓国アカデミーに通われていた時代には女性が少なかった、とおっしゃっているインタビューを拝見させていただきました。今は逆に、女性をあえて採用する、という時代になっている気がしますが、パク監督はどうお考えになりますか？

私が最初に就職した映画会社の代表は女性でした。そして、大切な決定をされる役職の方も女性だったんです。私は最初そこに入社したのですが、私のような若い女性を受け入れてくれる、という環境自体に驚きました。一方で、映画学校に通っていた頃の先生は、ほとんどが男性です。特に私が学校に通っていた同期がそうだったのかもしれないのですが、女性の学生が少なくて、演出を専攻していたのは私ひとりだけ。そういう環境にいましたので、映画の現場が、この男女比なのだろうか、ということも当時考えさせられました。それが、2007年から2008年のこと。ただ当時は、短編映画祭が盛んに行われておりまして、映画祭に出品して賞をとったりするのは、逆に女性監督が多かったんです。だから他方では、これから女性監督が増えていき、現場では女性制作の同僚がたくさん増えていくのだろうと期待をかけていました。ところが、やっぱり現実として当時はそうはならずでしたね。

――近年の配信映画やドラマでは、女性監督や脚本家が増えています。ようやく女性たちが現場で活躍しているように感じますが。

商業映画に携わっている女性たちというのは、演出や監督ではないにしろ、昔からたくさんいらっしゃいますよね。比率としては少ないにしろ幅広い場で活躍しており、本当に優秀な方ばかりです。でも、ここ数年、女性監督が話題が上がるのは、それはある意味、ニュース性という部分もあるのかな、と思うときはあります。それは、コロナ時代で滞っている作品が少なくないなかで、何か映画界を盛り上げる要素になっているのではないか、と。とはいえ、世界的にも映画界が悩んだそのタイミングで、女性監督がたくさん生まれていることはやっと本当の意味で女性が活躍できる業界になってきたのだ、ということ。とても明るい事実です。反面、警戒しなければいけないこともあります。それが何かと、私に置き換えてみるに、〝女性監督だ〟という意識なんです。その意識を強く持ちすぎてしまうと、逆に世界を狭めてしまうかもしれませんので、そこはフラットに考えながら、新しい方向性を模索していきたいと考えています。私としては、とにかくみんなが楽しめる作品。私が作った作品で、多くの人が喜んでくれる作品を作っていくことが大切。これは女性監督の作品だ、女性のストーリーだ、というようなことではなく、ただ単に『面白い作品だ』と言ってもらえること。そのためには、観客とどんなふうに出会ったらいいのか？　これから大事なのはようやくそんなふうに増えてきた女性たちの活躍を未来に繋げていくこと。それがこれからのテーマになっていくと思います。私も、その当事者のひとりに入れてもらえるとしたらとても嬉しいですし、観客としても今後の映画界に注目していきたいと思っています。

――当事者の一人というよりも、その代表であると思うのですが、ご自身ではどう考えますでしょうか?

代表という意識はありませんが、これまで作られてきた映画の多くは、どちらかというと男性が主人公で、男性がメインのものが多かったと思うんです。そして、男性が主人公の映画でヒットしている作品がたくさんあるので、観客はそれに慣れている気がします。でも、私はそこは意識していません。男性、女性、問わず、新たな何かを見つけることを意識しながら作りたいと思っています。私自身は女性ですが、私のアイデンティティーを元にして、作品の方向性を決めていく。これが現実として、私が女性監督の代表として、この問題を独りで考えるというよりも、これから女性の選択肢は数限りなくあるということを一緒に考え、悩んでいけたら嬉しいです。現在、韓国では映画を観る観客の中心となっているのが、20代と30代の女性たちと言われています。その女性たちは、ものすごく新しい感覚を持っていて、みんな深く考えながら映画を観てくださっているようです。私も、そんな人たちに愛を与えられる作品を作りたいし、そのためにいつもテーマを探しています。現在、私自身が関心のあることを、そして世の中が関心を持つことは何かということを常に探しています。

――そのアイデンティティーを表現するためには、脚本を書くことがマストということはあるのでしょうか?

脚本を書くことは、本当に長い時間を要するので、できれば書きたくないという気持ちはあります(笑)。でも、やはり私自身が伝えたい物語がある場合は、もがきながらも自分でシナリオを書こうとすると思います。だからといって、他の人が書いたシナリオに興味がないわけではないし、脚本家が手がけているシナリオにももちろん関心を持っています。その場合は、私がそのシナリオを読んで、何を感じるのか。自分としても興味深いですし、それが自分の次なる一歩になるとも想像します。作家さんが感じること、そこから私が発信できること、私の考えも織りまぜながら、シナリオを膨らませていくことにも学びがあります。そして、どうしたら私が映画監督という職業を長く続けられるのかということについても考えています。

――いつ頃から考えているのでしょうか？

去年あたりからでしょうか。去年といったら最近ですけれども、映画界が新型コロナで停滞しているような状況なので、なおさら映画監督を続けるためにはどうしたらいいかということをよく考えます。私が監督としてデビューしたのは比較的遅かったのですが、映画監督という仕事をスタートできたのはよかったんです。でも、これからこの仕事を続けるには、どうしたらいいのだろうか、と。そしてここにきて、配信ドラマなどの仕事のご提案もいただくことが増えたのですが、長いドラマ、長編ドラマを撮ってみたい気持ちがあります。その反面、でも、やっぱり映画を作りたい、という思いが強くなっていって……。じゃあ、どうしたら映画を撮ることだけに特化できるのだろうか？　自分が映画監督であり続けるには？　ということを改めて思い直してみると、とどのつまり、世界に対する関心があるかないか、なのではないかと考えるんです。それと一緒に、観客への関心があるかないかも大事です。映画は作るのにかなりの時間を要しますから、今現在、観る人たちが何に関心を持っているのか、どんな物語をたどっているのか、常にそこに興味を持っていないとできなません。そして、〝その先〟を感じることも必要だと思うんです。そういう先を探して作品を紡ぐことができる人が、やはり監督として、ずっと長く活躍されているように感じます。そんな〝先が大事〟ということを語りながら、私は、昔の映画、昔の作品を観ることにも重きを置いています。〝故きを温ねて新しきを知る〟ことでも、商業性が生まれる気がします。

――撮影監督についてはいかがでしょうか。スクリプターの2本目「超能力者」の撮影監督は、ホン・ギョンピョさんですね。ポン・ジュノ監督、ナ・ホンジン監督、イ・チャンドン監督と組まれている。日本でも李相日監督、是枝裕和監督に呼ばれた才能です。

ホン・ギョンピョさんの現場を見られたことはたいへん勉強になります。とても大好きな撮影監督で、当時スクリプターとしてお仕事させていただいた際には、私はまだ若かったんですけれども、そんな青二才の私に対しても、本当に誠意を込めてひとつひとつに応えてくださいました。とてもいい記憶が残っています。いつかは私の作品で撮影監督として入っていただけたら嬉しいのですが、ホン撮影監督に気に入ってもらえるような、彼の心を動かせるようなシナリオを準備しなければいけないなとプレッシャーです（笑）。

撮影監督とは、私が作ろうとしている作品の道を切り開いてくれる人です。どんな道に進んだらいいのかを決めてくれる最初の人だと思いますので、本当に大切な役割を担ってくださっています。今回の「ひかり探して」の撮影監督は、チョ・ヨンギュさんです。経歴の長い撮影監督さんに入っていただいたのですが、彼は登場人物の感情に寄り添ってカメラでとらえることがお上手なんです。今回は、しつこいほど主人公であるヒョンスの感情に寄り添い、彼女の姿をカメラで追いたい、それを伝えて撮影をしていただきました。でも、私が思っている主人公像と、演じる俳優さんが思っている主人公像の間には、もしかしたら何か相違があるかもしれません。そして、それをカメラがとらえた主人公の姿にも、また何かかけ離れたイメージがあるかもしれない。考え方の相違があるかもしれない、そういうことまで含めて、悩みながらも一緒に考えてくれた撮影監督でしたので、本当に助けられました。

――本当に、昔から素晴らしい方々とお仕事されているのですね。

映画学校時代の教授からは、『映画学校では映画を教えられない』と言われていました（笑）。じゃあ、なぜ映画学校は学生たちを集めているのか？　と聞きましたら、『皆さんは、いい仲間、いい同僚との出会いのためにいるんです』と答えました。その当時はわからなかったのですが、ようやく今、わかった気がします。つまり、私の作品には、私をわかってくれる仲間と出会うということが大切なことだというふうに思うんです。私はまだ長編を一本しか作っていませんので、これから映画作家として、監督として、私なりのスタイルを築き上げていくために努力していかないといけません。ただ、私自身、何が得意なのか、自分でもまだわかっていないので、私のことを理解してくださる人、そして、私が作るストーリーを理解してくださるスタッフと出会う、観客と出会う、というのが私の願いでもあります。私もいい出会いがたくさんあるように、常に心をオープンにしておくことが、これからは大切だなと感じています。

パク・チワン

1981年生まれ。大学卒業後に映画会社に入り、企画マーケティングを担当。その後、2007年に韓国映画アカデミーに入学し、長編映画のスクリプターの仕事もしながら、2008年には自身が脚本・監督を務めた女子高生たちの日常を繊細に捉えた短編映画「女子高生だ」が第10回ソウル国際女性映画祭〈アジア短編部門最優秀賞〉を受賞。オリジナル脚本にして長編デビュー作となった「ひかり探して」が、百想芸術大賞で映画部門 最優秀脚本賞を、青龍映画賞では新人監督賞を受賞し、今後の更なる活躍が期待される。

2020　ひかり探して

インタビュー

第6章 ユン・ダンビ

Yoon Danbi

ユン・ダンビ

文——相田冬二

夏を感じる風だったり、
夏場、家の中を裸足でいる、
その足の裏の感覚、
蚊取り線香の匂い、
そうしたものを何とか
映画の中に入れたいと思いました。

日本に較べ、韓国は格段に女性監督が多い。そのほとんどは、若くしてデビューしている。つまり、女優など（たとえ同じ世界だとしても）別の業種を経てからメガホンをとっているわけではない、ということ。ストレートに、純粋に、監督を志向し、監督としてデビューしている。

そして、それらは、日本の（数少ない）若い女性監督たちの出発点のように学生映画だったり自主映画だったりではない。しっかりとした劇場用長編映画ばかりである。

たとえば、ウニー・ルコントの「冬の小鳥」。あるいは、ユン・ガウンの「わたしたち」。そして、キム・ボラの「はちどり」。

21世紀女性監督による韓国映画の力強さは圧倒的で、それぞれの独自性には刮目すべきものがある。

そうしてここに、「夏時間」のユン・ダンビが現れた。

「夏時間」。エリック・ロメールの諸作にも通ずるイメージの邦題も愛らしい本作はけれども、いわゆるキュートでスケッチ風の映画ではない。

小さな家族の「お引っ越し」が、少女の視点から紡がれる。まだ幼い弟、シングルファザーである父親、その妹（主人公にとっては叔母）、そして引っ越し先の主である祖父。家族それぞれがきめ細やかに見つめられながらも、家族劇としての独自の一体感を形成する。

その厚みは、イングマール・ベルイマン「ファニーとアレクサンデル」やエドワード・ヤン「ヤンヤン夏の想い出」を彷彿とさせるほどだ。しかし、エピソードの連なりはあくまでも小さい。このあたりのマクロな観点とミクロなセンスの共存が、オリジナリティを体感させる。

小津安二郎や是枝裕和を観ている外国人監督は珍しくない。だが、ユン・ダンビは小林正樹や相米慎二（なんと、いちばん好きなのは「ラブホテル」だという！）までをフォローしており、その影響を公言。実に興味深い存在である。

――「夏時間」の最初のイメージを教えてください。具体的にあるシーンが浮かんだのか。それとも、描きたいエピソードがあったのか。作品の出発点はどのようなものでしたか。

映画の作り方は、監督ひとりひとりによって違うと思います。まずエンディングのイメージがあって、そこから作っていく監督もいるでしょう。ある監督は、あるシーンをイメージして、そこから始めたりもします。私の「夏時間」は、どこかの場面を思い描いて作ったわけではありません。いろいろなお話を考えながら組み立てていきました。具体的には（主人公の少女が）おじいさんと出逢って別れるまで。人生には、本当は経験したくないことだけど経験しなければいけないことがあります。そのプロセスを描く。この枠だけを決めておいて、あとは小さな物語をどんどん詰め込んでいって、日常性を持たせていったんです。

――なるほど。具体的なイメージからスタートしていないのですね。

撮影していて、これは大事だと思ったのは、オープニングとエンディング。たとえば、何の理由もなく、人混みの中で始まるようなオープニングにしてはいけない。映画本体とは繋がらなくなり、観客の期待度は下がっていくでしょう。エンディングのおじいさんがいなくなってしまった空間。あの画は『居場所』を表しているわけで、そこは心を配るべきだと思いました。プロダクションデザイン（映画美術）の観点からも。

——おっしゃる通り、人生には避けられない経験がありま す。それを描きたいと思ったのは、なぜですか。

それは、私たちの身の回りのいたるところにあると思うんです。でもなかなか映画では、そこを取り上げません。あっても、かなり少ない。映画が取り上げるのは、ヒーローが困難を克服するか、何かを守っていく物語ばかりです。映画はどうしても強烈なものを取り上げることが多いですよね。もちろん、それも必要なことです。自分としては、人生の近いところにある物語も映画に映す必要があるのではないかと、普段から関心を寄せていました。小津安二郎監督の作品を観ていると、『こういうものが映画になるんだろうか！』と思わせられる題材がよく登場します。戦争の影を見せるために家族の姿を描く。家族の日常を通して『戦争の後の世界』を見つめています。小津監督の作品は、観るたびに違った印象があります。そして、作品ごとに映画としての力が感じられます。私も、そのような作品を作りたいと考えていました。

——小津映画もドラマティックではなく、身近な日常を発見させてくれますね。あなたの映画と、小津の世界は、ビジュアル的には似ていませんが、わたしたちの暮らしを再発見させる、という意味で非常に近いものを感じます。

畏れ多いことです。ただ、私はよく小津監督について言及してしまうんです。こんなこと、私が話していいのかわかりませんが、愛情を持っているので、話さずにはいられないのです。つい、引き合いに出してしまいます。「東京物語」はすごく淡々とした作品だから、これを観て、何を感じたらいいんだろうか？ と言う人もいます。ドラマティックじゃない、と。でも、そこでは、人が死ぬということが描かれている。これはドラマティックなことだと思うんです。小津の世界は波の振れ幅が大きくないかもしれません。しかし、小さな波の振れ幅の中にたくさんのことを描いている。そのように描くのはむしろ難しい作業でもあります。大作のエンタテインメントを観ていると、よく人が死んでいきますね。特に男性主人公のものは、女性が出てきても、妻だったり、妊婦だったりして、わずか5分で死んでしまったりもする。でも、私が思うに、人が死ぬということは、簡単なことではない。なのに、どうして映画の中では、こんなに簡単に死んでしまうのか。映画を観て、人の人生について考えてしまうのです。

――あなたの映画もまた、小さな波を積み重ねていきますね。ラストシーン。もう、おじいさんがいない、あの場所の示し方。小津もよく『不在』を暗示するショットを挿入します。「夏時間」は、おじいさんがいなくなる前と、いなくなった後の日常を描いていますが、いなくなる前の日常も、どこか『おじいさんはいずれいなくなるのだ』と予感させますね。おじいさんはいずれ死んでしまうのだ、と示唆していた。あの映画が『家』の映画であることは重要です。人は、いずれ誰かが死ぬことからは逃れられない。そうした予感が、あの家には、独特の味わいとなって宿り、漂っています。

シナリオを書いた後、何人かの人に読んでもらい、その意見をフィードバックしていきました。ある人から、『おじいさんが死ぬことはある程度、予想できる。もう少し隠したほうがいいのではないか。おじいさんが亡くなることは劇的な仕掛けでもある。隠しておけば映画のトーンも劇的になるかもしれない』と言われました。私としては、あえて強調したくなかった。予測できたほうがいいんじゃないか。むしろ、観ている人に予感してほしかった。予感があれば家族が幸せに過ごしているときにも、『もしかしたら』という感傷的な気持ちになるのではないかと考えました。観客が予測することを望んでいました。

――素晴らしい！

ありがとうございます。面白いエピソードがあります。おじいさんのお葬式のシーン。撮影が予定より長びいてしまって。遅れたことで、おじいさん役の俳優が撮影現場に見に来たんです。そのときは妙な気分になりましたね。だって、(死者が自分の)お葬式を見ているんですよ！自分で撮影していながら、あれは本当に妙な気持ちになりました。

――映画の現場でしか起こらないことですね。

ほんとうに。

――観客が予想していくことで、様々な効果がもたらされています。たとえば、日常がいかに大事なものか。そのことが痛感できると思います。たとえば、お父さんとその妹が、外で干物か何かを焼きながら、お酒を飲みながら話している何気ない場面があります。あの情景を見ながら、こうした日常はもう二度と戻ってこないものなのだなと感じました。どんなに当たり前の日常でも、それはいま、刻一刻と失われているのだなと。

私たちはいま、コロナで予測できない事態に直面していますよね。ただ、そのことは、私も日常について考え直す機会となりました。日常の大切な瞬間について、あらためて考えるようになったのです。たとえば、電話やファクスの時代が懐かしいな、愛おしいなって。

――まだ、お若いのに！

映画監督の年齢としては若いかもしれませんが、電話やファクスに愛着は持っていますよ！（笑）。いま、日本の80年代のシティポップスが、韓国でも流行っています。ときどき、日本が羨ましくなるんです。韓国は変化が急激な国なんです。技術が発展することで、多くの大切なことを失っています。日本は変化を迎えても、失わずにいるものがたくさんあるのだと感じます。

――日本はスローペースですね。物事も文化も、なかなか簡単には進まないところがあります。日本の映画に、日本という国のスローペースを感じたことはありますか。

特定の映画で、何かを感じたわけではないんです。ただ、日本は永らくスタジオ（撮影所）システムでしたよね。そこは韓国とはかなり違います。日本も、かつてのスタジオシステムからかなり変わりましたが、ゆっくり変わっていったと思います。その変化の幅は広い。きちんと維持しながら、大きく変化していったと感じています。

ところで、私が好きな日本語は『神様』です。よくわかってはいませんが、韓国や欧米のように特定の神を指しているわけではありませんよね。『神様』という日本語は、まったく別なものだと思うんです。特定の神ではなく、全ての神がそこには集約されているように感じます。仏様も、土着信仰も、そこには含まれていて、いろいろな神が混在している。積み重なって『神様』が出来上がっているのではないでしょうか。

——太陽のことを、日本では『お天道様』と呼びます。これも『神様』みたいなものです。そのへんにある石も『神様』です。なんでも『神様』なんです。太陽も『神様』だし、なんでもない石も『神様』。『神様』は、上にも下にもあるんです。

焦っているときは、日本語の『神様』が、心に浮かびます（笑）。

——いいですね！　言霊、つまり、サウンドイズグッドです！　ところで、あなたの映画、日本では「夏時間」というタイトルで公開されました。英語で言うと、サマータイム。この作品は、物語やエピソードでもなく、キャラクターでもなく、時間そのものを描いていると思うので、なかなかいいタイトルだなと。あなたの映画は、決して斬新だったり、難解だったりするわけではありませんが、オリジナルな情緒があります。失われていく季節や時間。その一瞬を捉えていますね。

街を歩いていると、下校時には路地裏のどこかの家から、料理を作っている匂いが漂っていました。あるいは、ご飯を炊く音。それらは、記憶としてではなく、感覚として残っています。その感覚の部分を映画に入れてみたい。夏を感じる風だったり、夏場、家の中を裸足でいる、その足の裏の感覚。蚊取り線香の匂い。そうしたものを何とか映画の中に入れたいと思いました。ただ、嗅覚を映画は描けない。だったら、夕陽が沈むその時間を映し、釜戸でご飯を炊いている音を入れたら、何か感じてもらえるのではないか。あるいは、ただのノイズに聞こえてしまうかもしれないけど、果物売りのトラックが通り過ぎる音も入れてみました。蝉の鳴き声だったりもそう。

隣の家の犬が吠えている。その犬の存在感。生活の中で感じることができる音。できるだけ、家や路地裏が感じ取れるようにたくさん入れて、日常を見せたいと思いました。

——風を感じる映画ですね。風が匂いも音も運んでいる。

昼なのか夜なのか朝なのか。それも風の違いでわかるんだなと。暮らしというものは人物だけで出来ているわけではない。生活というものを多角的に捉えている。意識的にキャッチしています。おじいさんがいなくなってから、家の中の風景を見せるところでは、風が吹く演出をしたかった。まさに意識して、カーテンを揺らしています。洗濯バサミが揺れる。木の枝が揺れる。描写を通して風が吹いている瞬間を捉えたいと思いました。それは『神様』ではないとは思いますが、おじいさんが亡くなった後に、もしかしたら『誰か』が通り過ぎたのかもしれない。家の周りを風が一周するように描写しています。

——目には見えないものを撮ろうとしてますよね。音、気配、そして、目には見えないもの。家族の『外の世界』を、愛おしく示していると思います。

演出するとき、目に見えないものもたくさん画面に入れたいと思いました。それを『観て』くださるのは観客の皆さんだと。すぐにはわかってもらえなくてもいい。いつか、この映画が評価されたらいいなと思いました。かなり時間が経ってから、こういう映画があったのだと語られるかもしれない。素朴だけど、日常を掬い取るような映画が確かにあったのだと。後で気付いてもらえたらいいな。でもそこまでには時間がかかるんじゃないかと思っていました。でも、意外にそうではなかった。日が暮れると、人は感傷的になるけれど、観客の皆さんはそんなふうに自然に、掬い取ってくれる。その結果、豊な映画になったと思います。

——映画がきちんと届くまで、時間がかかってもいいと思っていたのですか。

だって、この映画は、いまのトレンドに合わないでしょう？

――確かに、かなり奥ゆかしい。

ドラマティックな映画が多いですよね。少数の観客にしか響かないと思っていました。撮影期間中も、できるだけ静かに撮っていました。でも、あまりに静かで、誰にも知られなかったらどうしよう、とも思いました（笑）。映画にとっては、私がインタビューを受けたりもしない方がいいと思っていました。私の性別や年齢が、作品の邪魔になると困るから。現場でも冗談などは言わずに、できるだけ静かにしていました。

――インタビューもほんとうは受けないほうがいいとお考えなんですか。

いつも思うことなんですが、私は結婚もしてませんし、子供を産んだこともありません。でも作品を撮り終えると、子供を産むというのは、こういう気分なのかなと思うこともあります。この作品が自分にとって子供だとすると、この作品がこれからどんなふうに生きていくのか、サポートすることはできる。でも、この作品の『運命』は、私に決められるものではありません。世に出ていくにあたって、どこか知らない世界でどんどん肉付けされていくこともあるでしょう。そのときは、私が知らない領域に及ぶこともありえる。私が何か作品について言及すると、世界が狭まる可能性もある。私は、この『子供』の代理人として代弁はしてあげたいなと思います。作品には『口』はないし、作品自体は語ることができないので、よく知っている私が代弁してあげてもいいのかなとは思っています。ただ、この作品を撮ったユン・ダンビという人物について話すのは照れくさいですね。

――目立ちたくない、というのは映画監督には珍しいですね。たとえば漫画家だと表舞台に姿を現さないという人はよくいます。素顔が知られておらず、そもそも性別すら定かではない。『鬼滅の刃』の作者は連載終了直前まで、男性だと思われていたが、女性でした。しかし、いまも、それ以上のことはほとんど明かされていない。確かに、作者が『誰』であるかは不明なほうが、作品に良い効果をもたらすこともありますね。

私も隠れていたかった……。でも、韓国の配給会社はそれを許してくれなかった。たくさんインタビューも受けましたし、顔も撮られてしまった……。

――ただ、インタビューそのものがお嫌いではないですよね？　ユン・ダンビさんへのインタビューはこれが三度目ですが、必ずしもインタビューの受け答えが苦手なわけではないと感じます。

高校生のときは地方に住んでいました。その頃は、自分には友達がいないなと感じていました。あと、どこかに所属している感覚があまりなかったんです。このまま大人になって、どこにも所属できなかったらどうしよう、と思っていました。私のことを知っている人が誰もいない状況になったらどうしようと。映画作りを始めてから、『所属感』が生まれました。私は映画に『所属している』んだなと。映画を通して友人もできましたし、このようにインタビューもしてくださる。私が作った作品に対して深く語ってくださって、すごく嬉しく思っています。ですから、インタビュー自体はとても楽しいですし、お話しすることも好きです。ただ、オフィシャルな場に出たり、観客の皆さんの前でお話しするのはプレッシャーを感じます。

――あなたが所属している『映画』は、大きな存在ですか？　それとも小さな存在？

私は、現実よりも映画の方が美しいと思っています。映画は現実を模倣したものではなくて、映画の方が現実のように思えます。地下鉄やバスに乗ると、他の乗客がいますよね。その場所を他の人たちと共有している。と言っても、もうすぐ後には散らばってしまう人たち。移動するために同じ空間にいるのであって、いずれバラバラになるわけです。同じ空間にいても、それぞれケータイをいじったりして、それぞれが自分の世界にいます。私には、それも現実に思えます。私は映画という世界に所属していて、どっぷり身を置いていますが、でも外に出れば地下鉄のような移動空間を通って、いろいろなところに行っています。好きだから、映画を撮っています。たとえば、映画の世界を守る、とか悲壮な覚悟や使命感ではなく、単に映画が好きだから、映画を撮っているんです。

——映画が好きだから、映画を撮る。それは自然な流れでしたか。

偶然の要素が重なっていると言えます。実は小説家になりたかったんです。もし、小説家になっていたら、顔を隠せていたかもしれませんね（笑）。大学では、文系創作科を受験しましたが、落ちてしまった。でも映画演劇科には受かった。それで映画の方に進むことになりました。映画は好きでした。でも、映画の勉強を本格的にスタートすると、それが面白くて楽しくて。映画の世界は豊かだなと感じました。映画はひとりで作るものではなく、仲間と一緒に作るもの。ひとつの世界を築き上げていく過程に魅了されていきました。20歳の頃に映画の道に進みたいと思いましたが、自分は映画監督になれないんじゃないかとは考えませんでした。たとえ有名にはならなくても、映画監督にはなろうと思っていました。その気持ちはまったくブレなかった。私自身、粘り強く何かをしたという経験がそれまでなかったんです。でも、映画に対しては唯一そうすることができた。初めてのことです。でも、映画にはそのような要素があるのかもしれません。他の監督さんたちも同じようなことを言っていますよ。「唯一、自分が続けられたのが映画だった」と。

——映画が続けられたのはなぜだったと思いますか。

地方に住んでると、息苦しさを感じます。世界が狭い。他の世界ではいろいろなことが起きているのに。どうして、ここにはありきたりの日常しかないんだ？　そんなときに映画を観ると、自分を満たしてくれるものがあった。自分もそれを作りたい。誰かに観てもらいたい。映画の中にひとつの世界を作ってみたい。私自身、その世界を観たいと思うから。これが映画の魅力だと思っています。

——かつてアイドルで、いまは女優として活動している女性が、私のインタビューでこんなことを言っていました。「映画も、映画の現場も、『ここにいていいよ』と言ってくれているような気がするから、私は映画が好き」と。

かつての私にとって、映画は人生に計画されていたものではなかった。なので、いま、映画を作っていることは不思議で、とても嬉しいことです。小説は、読む人が自分のテンポで、自分のペースで進んでいくものですが、映画は進んでいくテンポも決められるし、観客と監督の距離も近い。本当に愛おしいものだと思います。「ここにいていいよ」。その気分もわかるような気がします。それはほんとうにいい気分だと思います。

――あなたはたくさんの映画を観ています。そこで観客としてのあなたにお聞きします。ユン・ダンビはどのような映画監督ですか?

家族をテーマにした映画を撮りました。なので、是枝裕和監督の作品のような『家族映画』だと解釈する方が多いですね。形式的には家族映画と言えると思います。でも、自分が自分を監督として見たときには、人間の生き方、人間の人生に対して、非常に興味を持っている監督、と言えるのではないかと思います。皆さんが、私のことをどんなタイプの監督だと思っているのか、すごく気になりますね。

――あなたは、人間というものの感情よりも、感覚に興味を抱いているのではないでしょうか。年齢、性別を超えた、人間それぞれ固有の匂いを伝える監督とも言えると思います。

ところで、映画という表現に対して、自由を感じますか? それとも不自由の中の自由を探していますか?

後者だと思います。映画は制約の中から誕生する結果物。制約はあるときは助けになりませんが、あるときは助けにもなります。「夏時間」は予算が限られていて、それが制約でした。あまり外では撮影できず、家の中で撮ることが多くなりました。ただ、制約があると、それをどう打破するかを悩むし、考えるんです。悩んで作り上げると、まったく自由なところから作っていったものより、さらに大きな自由が得られるような気がします。カメラの位置にも制約はある。ひとつの映画ジャンルにも制約がある。でも、だからこそ、私は映画作りが好きなのかもしれません。

――ええ。不自由の中にこそ、本当の自由があると思います。ありがとうございました。

ユン・ダンビ

1990年生まれ。短編〝Fireworks〟が2015年の第16回大邱独立短編映画祭、2017年の第15回韓国青少年映画祭で上映され注目される。2017年には檀国大学大学院に入学、その長編制作プロジェクトとして本作は制作された。本作はユン監督の初長編作品で、2019年に第24回釜山国際映画祭で上映され、デビュー作ながらNETPAC賞など4冠を獲得する快挙を成し遂げた。

2019　夏時間

インタビュー

第7章 イ・ジョンボム

Lee Jeong-beom

イ・ジョンボム

文――佐藤 結

ウォンビンさんには
プラスチックの銃を渡し、
「枕元に置いて毎日、さわってほしい」
と頼みました。それでリアルになる。
銃の扱いに慣れた人になってほしい。
これが私のアクション演出の哲学です。

イ・ジョンボムの映画は『情の活劇』であると、まずは言い切ってしまおう。彼の映画の中では、『どこか欠けたところのある』男たちが、その欠落を埋めようとするかのように肉体をぶつけ合う。彼の才能を広く知らしめたのは、2010年に長篇第2作として発表した「アジョシ」。社会の片隅に生きる孤独な男が、『危機に瀕した少女を助ける』というシンプルな物語ながら、一度観たら決して忘れない独創的なキャラクター造形と韓国ノワールを深化させるアクション哲学で、観客を魅了した。

国立の芸術大学として知られる韓国芸術総合学校映像院を卒業後、06年に「熱血男児」で長篇デビューを果たしたイ・ジョンボム。暴力団組織の一員である男が、親しくしていた仲間を殺した相手への復讐を企てるこの映画は、〝ヤクザもの〟というジャンルの中に留まりつつ、地方の街を舞台にしたヒューマン・ドラマとしての顔も色濃く持つ作品だった。また、〝速さ〟と〝近さ〟で、アクション演出の新境地を開いた「アジョシ」でも、母親にさえ関心を持たれることが少なかった少女と、不器用に彼女への愛情を表現する主人公との交流が映画の核となっている。また、第3作「泣く男」(14)でチャン・ドンゴンが演じた殺し屋も、幼い頃に捨てられた心の傷から逃れることができない。さらに、彼の作品の中で最も〝悪質な〟人間だという刑事が主人公の「チョ・ピロ 怒りの逆襲」(19)では、不正にまみれていた男が、高校生である女性と出会うことで変化を見せていく。

〝たった一人の男〟と彼を支える母性愛、感情を切り裂くような縦の動きとエモショーナルな横移動で見せるアクション。感情を抑えた男たちの対決シーンは、時にセルジオ・レオーネを想起させる。『アクション』『ホラー』『ラブロマンス』など、特定の〝ジャンル〟の枠の中で作られる作品群は〝ジャンル映画〟とも呼ばれるが、イ・ジョンボムが生み出してきた4つの作品は、それだけで独自の〝ジャンル〟を成していると言えるかもしれない。果たして、その原点はどんなところにあるのだろうか。

——あなたが映画に興味を持たれたのはいつごろでしょうか。

映画自体に関心を持って、映画人として生きていきたいと思うようになったのは兵役に就いていたときです。それまでは、文学に興味があり、別の大学で英文学を専攻していたこともありました。ご存知のように、軍隊に入ったばかりで下っ端として生活しているときは、本を読むということ自体がとても難しいのですが、そんな中で上官たちの目を盗んでこっそり図書館に行って読んだのが『シナリオ全集』でした。読んでいるだけで、まるで2時間の映画を観たかのように幸せな時間を過ごすことができました。そして、シナリオというジャンルに魅力を感じ、自分でも書いてみたいと思うようになりました。

——当時はどんな映画がお好きだったのですか。

98年、数え年で28歳のときに映像院に入学したのですが、それまでは普通の映画観客と変わりませんでした。当時は日本の映画が正式に輸入される前で、ビデオテープでコピーしたものを借りて観ることが流行っていました。また、ジョン・ウー監督などに代表される香港映画も人気がありました。大学に入ってからは、北野武監督や岩井俊二監督など、日本映画をたくさん観るようになりました。ハリウッドのアクション映画だと「ダイ・ハード」(88)やマイケル・マン監督の「ヒート」(95)、そして、香港のジョニー・トー監督の作品も観ていました。

——長篇デビュー作である「熱血男児」(06)は、どんな経緯で撮ることになったのでしょうか。それまでに助監督をなさった経験はありましたか。

助監督の経験はありません。もともと、ウォン・カーウァイ監督の「いますぐ抱きしめたい」(韓国語タイトル:熱血男児)(88)をリメイクするという企画があり、その準備をしていました。暴力団組織の方々にたくさん会って取材をしていたんですが、そのうちに、リメイクの企画が流れ、プロデューサーの方から『イ・ジョンボムさんが自分で書いてみたらどうだろう』という提案を受けました。そこで、自分なりの新しい犯罪映画を書いてみようと思いました。

——あなたが大学卒業から比較的早い時期に、経験のある俳優を起用しての商業映画でデビューすることができたのはなぜだと考えますか。

韓国の新人監督というのは、ほとんどの場合、自分でシナリオを書かないとデビューできません。先ほどお話ししたように、私はもともとシナリオに興味があったので、その分、人よりも早くシナリオを企画、開発できたのではないでしょうか。

——韓国では、大ヒットした「友へ チング」(01)のようなシリアスなタッチのものだけでなく、コメディなど、暴力団組織のメンバーを題材にした映画がたくさん作られてきました。そうした中にあって「熱血男児」は、さえない中年男性と高齢の女性が人間的な関係を結んでいくというストーリーがとてもユニークでした。全体のタッチも落ち着いていて、デビュー作でこうした映画を完成させたということに驚かされました。

「熱血男児」だけに限らず、他の作品も『組織暴力』や『アクション』などのジャンルの枠に留まるようなものにはしないようにしようと思いながら作ってきました。いわゆる、ジャンル映画の中には、観客の興味を煽ろうとしたり、金を稼いだりといったことだけが目的の映画もありますが、それだと、すぐに忘れられてしまいます。だから、表向きはジャンル映画に見えたとしても、その中に感動があったり、登場人物の心の傷が描かれていたりするもの、そして、いつまでも観た人の心の中に残っていく映画が撮りたいと思っています。それが、私の作るジャンル映画の哲学です。韓国のヤクザ映画の中には、登場人物たちを戯画化するような映画も多いですが、それは、私が実際に会った人たちとはまったく違います。私たちと同じように生きている人たちが、たまたま、そういった世界に足を踏み入れ、荒々しい人生を送るようになっただけなのです。だから、彼らも、時には母親に会いたくなったり、同僚に何かあれば心を痛めたりもします。「熱血男児」で、『暴力団組織に入っている人たちも私たちと同じような人間なんだ』ということを伝えたかったのです。

――主人公シム・ジェムン（ソル・ギョング）が復讐しようとする相手であるミン・テシク（ユン・ジェムン）の故郷を全羅南道《チョルラナムド》の筏橋《ポルギョ》に設定したのはなぜですか。

全羅南道の筏橋は、以前からヤクザやチンピラを多く輩出してきた地域だと言われていて、『筏橋に行って力自慢（拳自慢）をするな』と言われるくらい、タフな気質を持った人たちがいる場所として知られています。歴史的に様々な戦争を経験してきた土地柄ということも、腕っぷしの強い人たちがたくさん出てきた理由かもしれません。地理的に見ても、山に囲まれた土地なので、外から入って来た人たちが一度足を踏み入れるとなかなか外に出て行けない。海しか出ていくところがありませんから。そういう意味でも『筏橋に行って力を振るう』ということはタブー視されていました。そんな土地に、ジェムンが心を通わせることになる、テシクの母（ナ・ムニ）が住んでいるということに意味があると考えました。

――ほとんどがロケ撮影だったとのことで、不確定な要素も多かったのではないでしょうか。苦労した点があれば教えてください。

撮影場所については、長い間、滞在しながら選んでいったので満足しています。ちなみにテシクの母が営むクッパ店とその周辺の街の様子は、筏橋ではなく、忠清南道《チュンチョンナムド》の江景《カンギョン》で撮りました。この映画で一番、残念だったのは、撮影した季節でした。もともと、シナリオの段階では、燃えるような太陽がふりそそぐ夏が背景で、ぜひ、その季節で撮りたかったのですが、主演のソル・ギョングさんのスケジュールの関係で、冬に撮らざるを得ませんでした。もし、夏に撮れていたら、もっと刺激的で強くおもしろい映画になったのではと思います。ソル・ギョングさんも『とても惜しい』と言っていました。ただ、シナリオを書いているときからソル・ギョングさんを念頭に置いていたので、他の選択はありませんでした。

――続いて「アジョシ」についてうかがいます。この映画は、当初、主人公チャ・テシクの年齢設定が60代だったそうですね。

60代が主人公だったら、ここまでヒットしていなかったでしょう（笑）。主人公がどん底に落ちていくような、もうちょっとさえない映画になっていたのではと思います。先ほども申し上げましたが、私はジャンル映画であったとしても、簡単に忘れられるような映画を作りたくないと思っています。最初の構想では、人生の終わりが見えている老人が主人公で、そんな男が、これから人生の花を咲かせようとしている少女を助けて死ぬというものでした。企画を進めているうちに、ウォンビンさんが主人公を演じることになり、彼とたくさん意見交換をしていく中で方向性が変わりました。私はシナリオを書くときも、アクションのデザインをするときも俳優とたくさん相談しながら進めていき、必要とあれば、どんどん変えていきます。エンディングについてもそうですね。結局、『隣に住むおじさんが少女を助ける』という方向性は変えないまま、アクションもウォンビンさんに合わせて洗練されていて、観客に快感を与えるようなものに変えていきました。

――「アジョシ」という作品を象徴するほど印象的で、有名になったシーンが、少女チョン・ソミ（キム・セロン）を助けに行く決意をしたテシクが鏡の前で自ら髪を剃り上げるシーンです。

主人公が一大決心をして新しい行動に踏み出すという意味でとても大切で必要なシーンでした。上半身裸になるというところまで考えていなかったのですが、ウォンビンさんが、それまでどの作品でも上半身を見せていないということを知ったので、「脱いでみるのはどうだろう?」と提案して了解してもらいました。また、セリフについては、テシクがあまり社会と縁がなく、他人と話す機会もほとんどない内向的な人間なので、何か語るときも、洗練されていない、ストレートで簡単な言葉を使うだろうと思いながら書きました。

――カリやシラット、クラヴ・マガといった武術を組み合わせたタイトなアクションもウォンビンさんとのコラボレーションの中で生まれたのでしょうか。

アクションを演出する際に、多くの監督がしがちなミスは、全てをアクション監督に任せてしまうことだと思います。これは、職の放棄と言ってもよいかもしれません。アクションというのは体を使った言語と言ってもよく、会話と同じ役割を果たします。また、俳優がアクションを監督に言われた通りにやっても、偽物のアクションになってしまっておもしろくありません。一番大事なのは、俳優ができるのか、それも、楽にできるのかどうかという点です。寡黙な男性が主人公の「アジョシ」の場合は、アクションがなおさら重要だったので、質屋の主人であるテシクの話し方と重なるようにアクションをデザインしていきました。まずはアクション監督が考えてきたものを提案してもらい、ウォンビンさんも交えて、よく話し合いながら作っていきました。その時点で、もし、動きづらいものがあれば、それは除き、楽にできる動きを中心に作っていきました。また、ウォンビンさんにはプラスティックの銃を渡して「枕元に置いて毎日、さわっていてほしい。そして、銃の扱いに慣れている人になりきってほしい」と頼みました。ウォンビンさんは、他の作品の2～3倍にあたる約6ヵ月にわたって銃やアクションのトレーニングを重ねてくれました。そうすることによって初めて、カメラが回ったときに、演技ではなく、ずっとそうした動きをしてきた人物であるように見える訳です。こういったことが私のアクション演出の哲学です。「泣く男」のチャン・ドンゴンさん、「チョ・ピロ 怒りの逆襲」のイ・ソンギュンさにも同じようにしてくれるように頼みました。俳優が一番、楽にできるアクション。俳優に合ったアクションが大事だと思います。

――「熱血男児」では、主人公と復讐相手が学校の教室で闘い、「アジョシ」にも、テシクが刃物を使って敵と1対1で死闘を繰り広げるシーンがあります。二人の男の対決シーンに特別のこだわりがあるのでしょうか。

「熱血男児」の教室の場面では、実は、アクションが重要な訳でありません。主人公のジェムンは、先輩を殺した相手に復讐するために筏橋という街に行きますが、彼自身が心の中に、先輩が死ぬときに隠れてしまって何もできなかった恥ずかしさや負い目を抱えています。ですから肉体がぶつかることよりも価値観や倫理といったものを打ち出したシーンでした。ジェムンの羞恥心や罪の意識が現れたアクション・シーンと言うことができるかもしれません。一方、「アジョシ」で主人公テシクと暗殺者とが見せるアクションは、倫理観などは排除して完全にジャンル的に撮ろうと思いました。戦闘のプロフェッショナルである二人が、カッコよくぶつかっている姿を見せることを第一に考えました。

――「泣く男」では、重要な情報を持つ女性チェ・モギョン（キム・ミニ）を守ろうとする主人公ゴン（チャン・ドンゴン）と暗殺集団との間で激しい銃撃戦が起きます。『ドキュメンタリーのように撮ろう』というプランで撮影に臨んだとのことですが、もう少し具体的にご説明いただけますか。また、あなたが影響を受けた作品があれば併せて教えてください。

先ほども挙げましたマイケル・マン監督の「ヒート」には大きな影響を受けました。サウンド・デザインや銃撃戦が真っ昼間に野外で起きるというところですね。銃撃戦というと、どうしても主人公をかっこよく撮ろうとすることが多いと思うのですが、この映画で私が望んだのは、実際の戦場にいるような臨場感でした。人はそういうシーンを観たら、恐怖を感じると思うので、そういった恐怖も描きたいと思いました。従軍記者が撮ったドキュメンタリーのようにできればと考えました。

――「泣く男」では、モギョンの母が入院している病院をはじめ、ゴンがエレベーターに乗るシーンが度々登場します。これにはどんな意味があるのでしょうか。

最終的にゴンが死ぬのもエレベーターですね。彼が死んだ後、彼を乗せたエレベーターが下に向かって降りていくというところで映画が終わります。この映画では、エレベーターを子宮のイメージに重ねています。ゴンはアメリカで母親に捨てられた人物で、母性愛や人間性といったものが欠乏している人物です。世の中からも捨てられてしまっている。つまり、この地球上で彼が活動することができる空間は、エレベーターくらい狭いのだということを象徴しています。また、狭いところにいるしかない、狭いところで死ぬしかないゴンの悲劇性も表しています。しかも、死んだ後も、エレベーターは上昇するのではなく、下に向かっていきます。メタリックで冷たいエレベーターの質感も、彼の心情を代弁しています。

――「チョ・ピロ 怒りの逆襲」でイ・ソンギュンが演じた刑事チョ・ピロは、それまでの3作に登場した主人公たちとは違い、かなりひねくれていて、姑息なキャラクターであることに驚きました。

一見、弱そうに見えますが、人間性に欠陥があり、私が作った映画の中に登場する中で最も邪悪な人物です。刑事でありながら、その地位を利用して金を要求するなど、本当に悪い男です。そんな彼が、自分のミスで子分のように使っていたギチョル（チョン・ガラム）を死に追いやった後で、彼のガールフレンドだったチャン・ミナ（チョン・ソニ）と出会うことで変わっていく姿を描いています。

――ただ、他の3作の主人公と同じく、ピロも孤独な男性ではありますね。

個人的に、完璧な人間には魅力を感じません。私自身も完璧ではないせいか、どこか欠けたところのある人に魅力を感じます。欠けたところを何かで満たしたり、あるいは、そのことゆえに破滅していったりといった話の流れが好きです。人は誰でも、どこかひとつくらいは欠乏しているものでしょう。

——そういった、どこかが欠けていて、傷ついた主人公が、わずかに見える光に向かって行動を起こしていくのが、イ・ジョンボム監督の映画だと言うことができるようにも思います。そして、その光の先には、女性たちがいます。

『母性愛』という単語がとても大事です。私の人生に母方の祖母がいなかったら、映画監督にはなっていなかったと思います。もしかしたら、犯罪者になっていたかもしれません。先ほど、私自身も欠乏している人間だと言いましたが、それを満たしてくれたのが母性愛でした。重要な瞬間を迎える度に女性が現れて愛を与えてくれたりしたことで、危険を逃れ、ひねくれずに生きてくることができました。女性や母性愛という力が大きく働いてきたのです。そのため私の映画の中には『女性』、『母性愛』、『傷ついた男』という要素が繰り返し出てくるのだと思います。また、「熱血男児」では中年のヤクザと復讐相手の母親、「アジョシ」では質屋の主人と少女、「チョ・ピロ怒りの逆襲」では、不正を働いている刑事と高校生というように、まったく接点のなさそうに見える人たちが出会い、関係を作っていくところにも興味を持っています。生きている空間がまったく違って、ぶつかり合うことなどないように見えた人たちが出会ったときに起こる相互作用こそがおもしろいのではと考えました。

——デビュー作の「熱血男児」で、当時、すでに韓国を代表する俳優だったソル・ギョングを起用したのを皮切りに、「アジョシ」のウォンビン、「泣く男」のチャン・ドンゴン、「チョ・ピロ 怒りの逆襲」のイ・ソンギュンと、素晴らしい俳優たちがイ・ジョンボム監督の作品で主演を務めています。あなたがこうした俳優の皆さんに〝選ばれる〟理由はどんなところにあるとお考えですか。

映画というものは、たとえ商業的には成功していなくても、俳優たちがいかに力を入れて演技をしたか、あるいは監督がどれだけきちんと演出をしたかということが、観る人に伝わります。特に俳優たちは、そういったことを敏感にキャッチします。自分の口で言うのは少し恥ずかしいですが、俳優たちが私のこれまでの作品を観て「少なくても演出においては、嘘をつかない監督だ」と感じてくれたからこそ、快く出演を決めてくれたのではないでしょうか。

——先ほど挙げていただいた以外に、注目している監督はいますか。

クエンティン・タランティーノ監督がとても好きです。彼の作る映画からは、ジャンル映画という見かけの中にタランティーノだけの作家性が感じられます。映画としてのおもしろさと、テーマ意識のバランスがとれた作品を撮っている監督だと思います。それ以外にジャンル映画をすごくうまく撮る人だと思っているのは、「プレデター」(87)や「ダイ・ハード」(88)のジョン・マクティアナン監督ですね。私自身、韓国の商業映画界の中ではちょっと毛色の違ったアクションを撮っているので、アウトサイダーのように感じることもあります。ジャンル映画というものには、基本的に備えていないといけない要素があると思うのですが、私は更にその先にあるものについて語りたいと思って映画を撮っています。そのため、一般的なジャンル映画に慣れている韓国の観客は、少し見慣れないものを観ているという印象を受けているようです。

——今後、撮ってみたいと思っている企画はありますか?

時代劇をやってみたいです。時代劇というのは、ジャンル自体が難しいし、かなり勉強をしないといけないので、ある程度の歳をとってからでないとできないかなと思ってきました。19世紀終盤、民衆宗教である東学を中心に起きた闘争など、草の根の人々についての映画を撮ってみたいです。時代劇というと王が主人公のものが多いですが、私は王様のような、恵まれた人たちには一切関心がありません。たとえば、今村昌平監督の「楢山節考」(83)のような、民衆の人生を顕微鏡で覗き込むような時代劇を撮ってみたいです。

また、それとは別に、新型コロナの問題もあって、今、ネットフリックスなどの配信サービスで発表される作品がすごく増えています。今後のプロジェクトのことを考えると、映画監督もこの変化に対して準備をしていかないといけないと思っています。今までのように2時間で観せる映画ではなく、10話のシリーズで展開させていく物語も考えていかないといけないですね。

イ・ジョンボム

1971年生まれ。2000年短編映画「帰休」をトロント国際映画際、ニューヨーク短編映画祭に出品。2002年イ・ソンギュン主演の短編映画「グッバイデー」を製作。2006年「熱血男児」で長編監督(脚本も)デビュー。2010年長編2作目「アジョシ」(ウォンビン主演)が韓国映画界第1位興行成績を収め、多くの賞を獲得した。2014年「泣く男」、2019年「チョ・ピロ 怒りの逆襲」を発表。

2006 熱血男児
2010 アジョシ
2014 泣く男
2019 チョ・ピロ 怒りの逆襲

インタビュー

第8章

チャン・ゴンジェ

Jang Kun-jae

チャン・ゴンジェ

文——大森美紀

俳優が返してくれたカードを土台に
シナリオを書くという方法。
自分の頭の中にある人為的な結末とは
違う結末に導いてくれる。
可能性がある世界が拡がるのです。

韓国で作家主義という言葉をよく使うようになったのは90年代に入ってからのことだ。それまで日本統治、軍国主義と自由を制限されてきた韓国映画がその抑圧から解放され、国策として映画を量産せざるを得なかった時代を経て、多様な映画製作が可能になってやっと作家主義映画が登場する。

しかし、大衆受けはしないが一部のシネフィルたちに愛される芸術映画を若干の批判を込めて〝作家主義〟と呼ぶこともあった。そして、2020年、ポン・ジュノが「パラサイト 半地下の家族」でアカデミー賞5冠に輝き、これまで曖昧だった作家主義という言葉がある一定の共通認識で語られるようになった。

このような韓国映画が歩んできた道程を、大学教授として冷静な目で俯瞰的に眺めながら監督として自分の話を撮り続ける男、それがチャン・ゴンジェだ。長編デビュー作の「十八歳」にはじまり、「眠れぬ夜」「ひと夏のファンタジア」と一貫して自分の話を撮り続けてきたチャン・ゴンジェ。

彼の作品を知るためには、彼自身の人となり、これまで彼が培ってきた映画との関わり方を紐解いていくのが正解だ。2010年、全州国際映画祭で初めて知り合ってから10年以上経つが、今回のインタビューで初めて知った事実も多かった。そして、新しく「新感染 ファイナル・エクスプレス」のヨン・サンホ脚本によるテレビドラマ「怪異」(原題)の演出を担当するというニュースも飛び込んで来た。インタビュー後に、改めて過去の作品を見ながらチャン・ゴンジェを再発見、再確認しつつ、これから彼が撮っていく〝自分の話〟が一層楽しみになった。

――作家主義映画。日本と韓国では（もしくは人によって）若干捉え方に違いがある言葉です。現在、龍仁大学映画学科の教授でもあるチャン・ゴンジェに、まずはその言葉について聞いてみます。

韓国で作家主義という言葉がいちばんよく使われたのは90年代です。イ・チャンドン、パク・チャヌク、ホン・サンスといった監督たち。自分で直接シナリオを書き、韓国社会の一面を鋭く切り取ったり、とても個人的な話を非常に個人的な話法で表現する、それまでの商業映画や企画映画にはなかった映画を撮る監督たちを作家主義監督と呼びました。２０００年代に入ってからは商業映画の中にも作家主義と呼べる監督たちが出てきました。リュ・スンワン、キム・ジウン、ポン・ジュノ、こういった監督たちは大衆向けの映画でありながら、作家としての自分だけのスタイルを刻印した作家主義商業映画といえる映画を撮りました。そういう意味では、多くの独立映画監督は作家主義的な映画を撮る傾向があるといえますね。自分で直接シナリオを書き、大衆的なエンターテインメント映画ではない、それぞれの監督が考える世界を自分なりの視線で映し出そうと努力している映画が多いからです。私自身も作家主義映画監督の中に入れてもらえるほどたくさん作品を撮っているわけではありませんが、独立映画にこだわって撮りつづけてきた私の小さな世界が認めていただけたようでありがたく感じます。

――作家主義映画が商業的に成功するのは難しいということ？

そのように見ることもできますが、もともと作家主義という言葉は、映画史的にはフランスの「カイエ・デュ・シネマ」が発表した理論で、ジョン・フォード、アルフレッド・ヒッチコックといった監督たちの作品を称していました。彼らは芸術映画を撮った監督ではなく、とても商業的なアメリカ映画の監督です。シナリオを直接書くことはありませんでしたが、商業映画の中でも一貫した監督のスタイルや世界観を持っていたから作家主義と呼ばれたわけです。韓国の作家主義監督でいうと、いちばん右側にポン・ジュノ、チェ・ドンフン、リュ・スンワン、いちばん左側にホン・サンスという具合に位置づけられるかもしれません。ホン・サンス監督は韓国で作家主義監督といえば真っ先に思い浮かぶ名前ですが、商業的に成功を収めているといえません。そして、ポン・ジュノ監督は大衆の心を掴むと同時に批評家の反応もよく、多くの監督が最も理想とするモデルです。観客と乖離した監督、大衆性よりは芸術性に囚われた監督の映画は作家主義映画とは言えないと思います。

――では、商業映画の中でいちばん成功している作家主義監督がポン・ジュノと言えますね。本来の意味で作家主義監督はスタジオをコントロールできなければならない。

その通りです。一般の商業映画において監督はただの雇われた職業監督です。巨大なシステムがどのように回っているのか、例えば、予算がどのように使われるのか、監督の立場から詳細に把握するのはとても難しい。が、ポン・ジュノ監督は本人自身が映画のサイズ、規模を決定できる権限を持ち、全てのことをハンドリングできる監督です。「オクジャ　okja」「スノーピアサー」を経験したからこそ為し得た成功だと思います。

――作家チャン・ゴンジェを形成してきたご自身の映画人生を振り返っていただきたいと思います。

70歳を過ぎないと答えにくい質問じゃないですか（笑）。私は本当に平凡な家庭で育ったんです。両親は慶尚道（キョンサンド）出身で、母親はポン・ジュノ監督と同じ大邱（テグ）の生まれです。大邱は大統領を数多く輩出した都市で、とても保守的な家庭で育ったといえますね。父も大邱で働いていたのですが、私が6歳の時にソウルに転勤になり、家族でソウルに引っ越しました。父は新世界というデパートで25年間サラリーマンとして勤務し、IMF危機の時に退社しました。その頃の私はというと、勉強もできず、早くお金を稼いで独立したくてたまらなくて、中華料理の出前や、いろんなものを配達するアルバイトをしていました。異性への関心が強くて、好きな子をいつも追いかけ回している、そんな少年でした（笑）。

――早くお金を稼ぎたい少年がなぜ映画業界に？

ですよね（笑）。当時は映画でお金を稼ぐことが難しいということをまったく知らなかったんです。それに、映画を作りたいと思ったのは少し後のことで。映画との出会いは18歳の頃、ソウルの一流大学に通う学生たちが集まって作った文学学校ソウルという映画同好会があって、一種の民間シネマテークですね、そこでコピーした外国の映画を翻訳して一緒に観たり、討論をしたり、講座を開いたりする集まりがあり、そこに参加したことがきっかけでした。そこでは封切り映画館よりも安く映画を観ることができたんです。当時は映画を作りたいというより、ただ映画を観ることが好きでした。といっても、シネフィル的な観点から映画を観るというよりも、ただの逃避先としてちょうどよかった。映画を観ていると気持ちよく時間が過ぎていきました。

——シネマテークに通うことになったきっかけは?

たまたま新聞に載っていた告知を見たんです。フェリーニかパゾリーニ回顧展だったと思いますが、チケット代が2、3千ウォンと書いてあって、あ、安い！ これは観ないと！ と思ったんです。それまでは、普通に子供が観る特撮ものぐらいしか見たことがなくて、映画には関心がありませんでした。でも、少しアーティストに対する関心はありました。恵化洞（ヘファドン）に行って演劇俳優たちがたくさん歩いている大学路（テハンノ）を散歩するのが好きだったんです。だからといって演劇に繋がるわけではなく、そのあたりは私自身も記憶が曖昧ですが……。とにかく学校に行くのが嫌でしたね。銭湯にもよく行っていました。「十八歳」にも銭湯に行く場面がありますが、数千ウォン払えば一日中いられるから好きでした。そんな感じで、安いお金で時間つぶしになるところを探していて見つけたのがシネマテークだったわけです。

——そんな人がなぜ本格的に映画を勉強し始めたのでしょうか。

シネマテークに入り浸っているとなんとなく映画が身近になってきて、しかもそこは、ソウル大学や中央大学といったトップクラスの大学生たちの多い知的な雰囲気のシネマテークだったので、周囲には映画学科に進学したり、大学院で映画を研究する人が多かったんです。私も自然に映画学科、演劇学科に進もうと考えるようになりました。でも、90年代の半ばは映画学科が人気で合格ラインが結構高かったんです。で、私はソウルにある大学ではなく大田（テジョン）という地方にある中部大学の映画科に演技専攻で入学しました。

——最初は俳優志望だったのですか？

俳優志望というよりも、私の合格ラインで行ける学科がそこで（笑）。ソウル近郊の演劇映画学科には到底行ける成績ではなくて、中部大学の映画科は新設されてすぐだったので入学できました。それでも補欠合格だったんですけどね。中部大学に1年半ほど通い、その後で、現在私が教鞭を執っている龍仁大学に編入して映画製作を学び始めました。それからはずっと製作側の勉強をするようになりました。

——なぜ、大学を移ったのですか？

中部大学で演技を学びましたが、どうも上手くいかなかったんです。もちろん演技もダメでしたが、演劇活動やそういうものが性に合わなくて。自分で映画同好会を作って、例えば、大学でジム・ジャームッシュの「ストレンジャー・ザン・パラダイス」の上映会を企画したりしていたんですが、演技よりもこっちのほうが自分に合っていると思ったんです。それで、映画製作を勉強できる大学に移ろうといろいろ探して、設備や教授陣が整っている龍仁大学に編入しました。それもやはり、成績のことがあって、映画学科として名門の東国大学、漢陽大、中央大などは編入の場合の競争率も高かったので……もちろん、龍仁大学もいい大学ですが他の名門に比べると敷居が低かったんです。

——子供時代のチャン・ゴンジェと映画。

子供の頃は特撮ものが好きでした。日本でいうウルトラマンのような。当時、韓国ではシム・ヒョンレさん主演の〝ウルメ・シリーズ〟が流行っていて、空を飛び回って悪党と戦う、そんな映画が好きでした。映画館で初めて見た映画は、アメリカ映画の「アリゲーター」（80）。トイレに捨てられたワニが下水道で大きくなって都会で人を襲う映画ですが、7歳の頃に見て衝撃を受けました。それ以降はホラー映画が好きになって、「13日の金曜日」（80）や「エルム街の悪夢」（84）といった映画がものすごく好きでした。ひとりで初めて自分のお金を払って観たのは「ゴースト ニューヨークの幻」（90）。当時、小6でしたが、小学生が観るにはちょっとエッチな映画でしたね。今、思い返してみるとシネマテーク以前にも結構映画館に通ってましたね。

――では、シネマテークではどんな映画を観ていたんでしょうか？

フランス映画が多かったように思います。フランス以外のヨーロッパ映画もたくさん観ました。デレク・ジャーマン、ゴダール、トリュフォー、クロード・シャブロルなんかですね。60年代のアメリカ映画、いわゆるアメリカン・ニューシネマもたくさん観ました。「イージー・ライダー」（69）「タクシードライバー」（76）「ウッドストック 愛と平和と音楽の3日間」（70）……。そして、90年代にアッバス・キアロスタミ監督が世界市場に登場したときはとてもセンセーショナルで印象に残っています。まだ韓国は正式に文化開放がされていない時期でした。日本映画も同様で、当時「Love Letter」（95）は、韓国のアンダーグラウンドな映画同好会で大流行した最高の映画でした。「スワロウテイル」（96）「打ち上げ花火、下から見るか？ 横から見るか？」（17）「undo」（95）……岩井俊二作品はほとんどそこで観ました。北野武も90年代に大流行した監督です。日本の古典映画もたくさん見ました。

――そんな中で影響を受けた映画は？

これまで挙げた作品とは少し毛色が違うかもしれませんが、いちばん衝撃を受けたのはリドリー・スコットの「ブレードランナー」（82）です。１９８０年の映画ですが、シネマテークで偶然に見て、そのユニークさに驚きました。自分が知っているSF映画とはまったく違う映画でした。とても寂しく、とても憂鬱な美の世界を描きだし、しかもラブ・ストーリーで。とにかく「ブレードランナー」が好きで、それ以来ポケベルの番号の末尾を2019に変えましたし、今でも携帯番号の末尾はそれです（笑）。

――現在のチャン・ゴンジェ作品との繋がりがまだ見えませんね。

「今の私の映画に影響を与えたのは龍仁大学で教わった先生たちからによるものが大きいです。龍仁大学ではイ・サンイン監督に教えていただきましたが、先生は韓国のいわゆる〝運動圏〟と呼ばれる世代で、学生運動をテーマにした独立映画を撮ってこられた方です。映画製作所〝青年〟を作った人です。アメリカに留学して帰国後に教授になられたのですが、基本的に〝ワンマンバンド〟映画、つまり、ひとりで製作から撮影まで兼ねる方式を追求してきた方です。韓国では、アメリカで映画を学ぶ監督が多いのですが、東海岸と西海岸では映画の方向性が違ってきます。もちろんどんな教授に学ぶかにもよりますが、ざっくりと西と東に分けてお話しますと、西の方にある大学はハリウッド的な商業志向の強い映画、東部は独立映画志向の強い傾向があり、イ・サンイン教授は東部にあるドキュメンタリー映画に強い大学で学んで来られました。教授自身、マルキストで、映画で世界を変えなければいけない、自らが参加して動く映画を作らなければいけないという考えの方なので、学生たちにもそう教えられました。その、イ・サンイン監督のもとで2年半ほど勉強し、その後、韓国映画アカデミーに入ってパク・キヨン監督のもとで学びました。この二人の師匠から学んだことが今の私の映画製作に大きな影響を与えていると思います。

――韓国映画アカデミーでは撮影専攻だったんですよね？

はい。当時は自分に監督としての素質が足りないと思っていました。今でもそう思っていますが（笑）。韓国映画アカデミーに行く前は撮影監督になりたいと思っていました。映画を作りたいと思ってはいたのですが、自分にとってシナリオを書くという作業がいちばん難しくて。後々監督をやるとしても撮影を学んでおけば役に立つんじゃないかと。それで韓国映画アカデミーで2年間勉強しました。卒業後は実際に撮影監督として2年ほど活動しました。短編を主に撮っていましたが、イ・ソンギュンさん主演の「ヒッチハイキング」（04）という作品が撮影監督としての代表作といえるのではないかと思います。その後、もう少し映画を学ぼうと韓国芸術総合学校に進学したんですが、自分の映画を撮りたい、撮らなきゃならないと思い、学校を辞めてシナリオを書く作業を始めました。それで書き始めたのが「十八歳」のシナリオです。2007年でした。

――いよいよ監督チャン・ゴンジェの始まりですね。

はい。韓国芸術総合学校も撮影専攻だったので、学校で同期たちの撮影をしなければいけなかったんです。演出を専攻していたら学業とシナリオ作業を並行してできたかもしれませんが、自分は撮影専攻だったので学校を辞めるという選択しかありませんでした。以前は苦手だと考えていたシナリオ作業ですが、師匠たちから映画について学びながら、自分がよく知っている話をシナリオに書けばいいのだと気付き、自分もそんな映画が好きになっていったようです。それで、自分の10代の頃の話を書きたいなと漠然と思い、あぁ、今ならもう書けるかもしれないと、本当に漠然と、そう思ったんです。自分を反映させた話を書いたせいか、「十八歳」は割とスムーズに書くことができました。その頃はまだ両親の家にいたのでシナリオ執筆に専念できましたし。2008年には撮影を終え、2009年9月に完成、バンクーバー国際映画祭でプレミア上映されました。

――「十八歳」が長編デビュー作ですが、製作費などはどう準備したんですか？

KOFIC（韓国映画振興委員会）、ソウル・フィルムコミッション、京畿道フィルムコミッションから支援金を受けました。KOFICが独立映画の製作支援を90年代半ばから行っていることは有名でしたし、学生時代にも短編映画を撮る際に何度か支援を受けたことがありました。フィルムコミッションによる製作支援は当時新しくできたばかりで、「十八歳」はソウル・フィルムコミッション、京畿道フィルムコミッションの第1回支援作品になります。支援金はもらいましたが、充分ではなく、撮影が終わって編集に入った段階で予算が尽きました。その頃、ちょうど妻（キム・ウリプロデューサー）と結婚もして……。それで、編集作業を中断して半年近く地方に働きに出ました。知り合いに紹介してもらって地方の大学の映画演劇学科の研究員として働いたんです。その後もアルバイト生活を送りながら映画を完成させたんです。

――キム・ウリさんは「十八歳」のプロデューサーでもあるわけですよね。

はい、後半からプロデューサーとして参加してもらいました。序盤は現在BAエンターテイメントで制作をされているキム・ソルPDと作業し、仕上げをキム・ウリPDと一緒に行いました。2008年1月にクランクインして3月末までの3ヵ月間で撮りました。「十八歳」はキャスティングにものすごく時間がかかった作品でした。2007年6月からキャスティングを始めましたが、主人公を決めるまでに、長い間、本当にたくさんの俳優に会いました。それでも決まらなかったんですが、ある日、キム・ウリPDが〝映画「女教授」でチ・ジニさんの子役として出演していたソ・ジュニョンさんがすごくいい、一度会ってみたら？〟と推薦してくれたのです。それで会ってみたのですが、会ったその日にすぐキャスティングを決めました。これまでの苦労はなんだったんだろうと思うほどすんなり決めました。とてもナチュラルな面があり、子役から俳優として活躍していながらもどこか磨かれていない原石のような魅力がありました。相手役のイ・ミンジさんはクランクインの数日前に電撃的に決まりました。もともと舞踏をやっていて演技経験はなかったのですが、イメージにぴったりでした。キャスティングに関しては私よりもキム・ウリPDのほうが見る目があるようです。

――「十八歳」は10代で経験する青春の痛みのようなものを鮮明に表現されていました。「十八歳」のソ・ジュニョンさんが主演された「BLEAK NIGHT 番人」（10）（ユン・ソンヒョン監督）、「ひと夏のファンタジア」のキム・セビョクさんの「はちどり」（キム・ボラ監督）など、韓国には強力な作品を引っさげてデビューする監督が多いですね。

特に独立映画シーンにおいてそうですね。自分たちの10代の頃の話を題材に自伝的な映画を撮る場合が多いと思います。一時期、韓国映画界で青春映画が大流行しました。監督が持っている最も強烈な記憶、デビュー前の監督の年齢が30代前半、半ばですから、10代のときの激しい感情や、まだ世の中のことをよく知らないのに反発してもがき苦しみながら成長していくドラマ、そういう映画をたくさん生み出しました。そんな中で「十八歳」や「BLEAK NIGHT 番人」「はちどり」が注目に値する成功を収めました。韓国の映画評論家の中には、韓国映画界全体がある意味でまだ思春期の段階に留まっていると指摘する人もいます。成長映画がなぜこんなに多いのか、主人公たちはなぜこんなに未成熟なのか……このような意見には私も同意できる部分があると思っています。

——若さゆえの未成熟さ……確かに「十八歳」でもそんな場面がたくさんありました。主人公がなけなしのお金で買ったお菓子を隣にいる彼女にはあげずに一人で食べてしまう。その場面も主人公の未熟さを表現するために書いたシーンです。よく見ると彼女にちょっと勧めるのですが、積極的に勧めはしません。「十八歳」は10代の頃の未熟だった自分を扱っていますが、撮っている自分自身もまだ30代前半で、まだまだ大人としては未完成で。映画に出てくる未成熟さは全て私自身のものだと思います。

——主人公が旅行先でギプスを勝手に外してしまうシーンもありましたね。

自分が今取っている行動が後でどんな結果をもたらすのか想像できないんです。今だけに集中している。それがある意味では未成熟さだといえると思いますが、そんな具合に誰かを強烈に好きで、それをカッコよく伝えることができず、とても乱暴な方法で好きだという感情を表現することしかできない。振り返ってみると自分自身もそうだったような気がしますし、それを映画に反映させたのだと思います。

——エンディングが印象的でした。「ひと夏のファンタジア」

と相通ずるロマンティックでファンタジックな場面でした。主人公カップルがいちばん幸せだった瞬間をエンディングでまた呼び起こしたかった。最終的に編集段階で決定したのですが、恐れや不安、心配事がまだない二人の無邪気な時間を映画の後半に配置して終わらせたいと。ロマンティックなエンディングにしたかったんです。

――「十八歳」は海外の映画祭でも高く評価されました。独立映画の監督は海外で賞を取ると次回作は商業映画に進出することが多いですが、「眠れぬ夜」も独立映画の形式でしたね。

2作目も独立映画を撮ろうということはかなり早い段階で決めていました。当時、多くの監督たちが独立映画でデビューして成功した後に商業映画に移っていきましたが、失敗したケースをたくさん見ていたので。私の師匠であるパク・キウン監督も〝独立映画を撮れ〟と仰っていましたし。で、すぐ2作目を準備しました。「十八歳」が10代の自分を描いたとすれば、「眠れぬ夜」は30代の当時の自分の話を描きました。次回作の構想はいろいろあったんですが、2010年に観たペドロ・コスタの影響が大きかったんです。2010年の全州国際映画祭でペドロ・コスタ回顧展があったんです。ペドロ・コスタの作品を見てすぐに「眠れぬ夜」を企画しました。いちばん衝撃を受けたのはカメラ1台あれば映画を作ることができるということでした。なので、「眠れぬ夜」もカメラ1台、スタッフ3～4人で私の家で寝泊まりしながら撮った映画です。

――「ひと夏のファンタジア」の岩瀬亮さんとの初めての出会いも2010年の全州でしたよね。

はい。バンクーバー映画祭で一緒だった真利子哲也監督の「イエローキッド」(09)の上映があり、主演の玉井英棋さんも一緒に来ていました。ちょうどソ・ジュニョンさんも全州に遊びに来ていたので、「十八歳」と「イエローキッド」組で毎晩飲んでいました。

――「眠れぬ夜」はKOFICなどの支援はなかったんで

すか？

受けられなかったんです。完成したシナリオが無かったので。制作支援を受けるためにはシナリオ提出が必須でした。「眠れぬ夜」のシナリオはあまり内容がなかったんです。夫婦で食事をする、夫婦で歩く、夫婦が寝る……こんな内容のシナリオで。映画自体もそういう内容ですが。なので、制作支援は受けず、俳優、スタッフたちに〝製作費がないんだけど、一緒にやってくれないか〟とお願いしたら快く引き受けてくださって。その代わりに賞金をもらったり、映画の収益が出たときにみんなで分けました。結果、「眠れぬ夜」の俳優さんたちは私の他の映画に出た俳優さんよりもたくさんギャラを出すことができました（笑）。スタッフにも同じ形式で支払いました。今では考えられないやり方ですが。2011年6月～9月の3ヵ月間の撮影でした。尺が短い映画の割りには撮影期間が長かったですね。

——主演のお二人の自然な演技が素晴らしかったですね。「眠れぬ夜」は夫婦の話なので、親密な表現、ラブシーンも多かったんです。それを消化して演じることができる俳優を探すのは容易ではありませんでした。自分の知り合いの俳優の中に、ぜひ一緒にやってみたいと思っていた俳優がいて、それがキム・スヒョンさんでした。私が「ダイ・バッド 死ぬか、もしくは悪（ワル）になるか」（00）で一緒に共演した俳優で、リュ・スンワン作品によく出演されていました。もともと演劇中心に活動されていて、「十八歳」のイ・ミンジさんと演劇で共演されたこともありました。彼が持っているロマンティックな雰囲気とドラマティックな外見に惹かれてオファーしたところ、すぐOKしてもらいました。相手役のキム・ジュリョンさんは当時、いろんな独立映画に積極的に出演されていました。何より声が素敵で、知的かつエレガンスな声をお持ちです。私はもともと声のいい俳優がとても好きで。それで、キム・ジュリョンさんがいいなと考えていたところ、キム・スヒョンさんにも〝相手役でおすすめの人はいませんか？〟と聞いてみたところ、キム・ジュリョンさんの名前が挙がって。偶然の一致でしたが、運がよかったと思います。「十八歳」もそうですが、俳優運がいい監督なんです。

――「眠れぬ夜」では食事をしながら交わす夫婦のやりとりがメインですよね。

当時、私たち夫婦が一緒にいる時間の大部分が食べることでした。家でご飯を作って食べて、ちょっと散歩して、また家でご飯を作って食べて話して……それが全てでした。家にテレビもソファーも無かったんです。そういう自分たちの生活を反映したということもありますし、普通、映画というとドラマティックなイベントを撮りますが、普通の映画がうまく扱えない時間、とても日常的であり余剰の時間の中で繰り広げられるストーリーを映画に収めたいと思ったんです。何も起こらない日常の時間、ご飯を食べたり眠ったりする時間をコツコツ積み重ねれば、ある種の映画的な活力が生まれるのではないか、そういうことを試してみたかったんです。

――シナリオは実際になかったんですか？

俳優と話しながら決めていきました。まず、その場面でどんな会話を交わすのかテーマだけ先に決め、それについて俳優と討論を重ね、その後でリハーサルをして直しながらセリフを決めました。なので、シナリオは俳優と共同作業で作ったという感じですね。

――「ひと夏のファンタジア」の2部と同じような進め方ですね。

そうですね。私が「眠れぬ夜」でやった形式をそのまま「ひと夏のファンタジア」に取り入れました。撮りながら悩んでいる部分を相談し、こういうことをどう思うか俳優の考えを聞き、それを元にして私がセリフを書きました。テーマと素材を俳優にカードとして投げて、討論を重ね、俳優が返してくれたフィードバックを土台にしてシナリオを書くという方法です。自分の頭の中にある人為的な結末とは違う結末に導いてくれることもありました。限りない可能性がある世界が拡がるわけです。ホン・サンス監督も似たような方式で撮られていますよね。映画のエンディングを決めずに撮り始め、流れに逆らわずに直感的に撮っていきながら、ある瞬間突然撮影を終了すると聞いています。俳優にとっては大変な撮影ですが。

――「十八歳」もエンディングが夢の中のようでしたが、「眠れぬ夜」も夢か現実かわからない場面がありました。妙にリアルな夢というか……。

私自身、そんな夢をよく見るんです。ファンタジックな夢ではなくてリアルな夢。特に映画を撮っている最中は映画を撮っている夢をよく見ます。夢の中に一切ドラマティックな部分はありません。夢の中でもただただ映画を撮っていて、何の事件も事故も起きず、突然目覚める。寝た感じはなくて24時間仕事をした後のような目覚めです。夢というのは始まりを認識できなくて、目を覚ました時点で夢だとわかるものじゃないですか。夢の構造はそういうものなので、「眠れぬ夜」でもどこから夢が始まったのかはわからず、覚めたときに気付くものになっています。それに、夢には意識と無意識が反映されています。その人が無意識に持っている悩みなどを夢という形で表現するのに適しているのではないか。「眠れぬ夜」は日常的なトーンで進む映画なので、夢という形式が映画をドラマティックにしてくれる機能を果たすと思い、「十八歳」よりも積極的に取り入れてみました。「十八歳」では主人公のフラッシュバックのようにも見えますし、夢のようにも見えるようにしました。シナリオ上は夢という設定になっていますが。

――夢と同様、監督の映画では食事のシーンも必ずありますね。

私の撮る映画は日常の話が多いので自然とそうなったんだと思います。私たちの日常で食べることがいちばん重要なことじゃないですか。繰り返し食べて、食べて、そして、誰と何をどんなふうに食べるのか、そこが大事なのだと思います。そういえば、2022年に公開した新作「月が沈む夜」(20) でも、意識したことではなかったですが、食べる場面がたくさん出てきます。

――映画を作る上での〝座右の銘〟のようなものはありますか?

一緒に作っている人が苦しまないようにしようということです。とても大事なことだと思います。映画を作るというのは基本的に肉体労働で、大変な作業です。特に独立映画は急な変更も多く、環境も劣悪で……。そんな中で監督が自分の芸術世界のためにスタッフや俳優を酷使したらどうなるでしょう。高望みな水準に近づけるためにスタッフに犠牲を強いることは監督の自己満足でしかありません。一度はみんなが騙されて付き合ってくれるかもしれませんが、二度はありません。自分の好きな人たちと長く一緒に仕事をしていくためには、責任者である監督が人々に対する礼儀、マナーを守る態度が大切だといつも考えています。

――教授として映画制作を目指す若い学生たちにいつも教えることはありますか?

自分は毎年ひとつずつ歳を取り、経験もどんどん増えていくのですが、毎年入学してくる学生はいつも同じ年齢です。なので、あまり多くのことを教えようと焦らないように気を付けています。以前はたくさんのことを教えたいという欲張りな先生でした。今は焦らないことを第一に、次に私が考える重要な点を強要しないようにしています。本人が悟らないとわからないことだからです。後でわかればいいと思って強要せずに気楽に話していま す。失敗したり試行錯誤を繰り返さないようにいろんなケースについて話すように心がけています。最近の若者にとって映画はそれほど娯楽の上位にあるものではない、古典的なメディアになっていると思います。私は映画というメディアの魅力を少しでも感じられるように努力しています。

――最近はプロデューサーとしても他の監督の作品を手がけられていますが。

私がプロデュースしたのは、教え子が監督をした「風よ、霧を晴らしておくれ(Mom's song)」という作品なのですが、本当にやりがいがありました。プロデューサーの仕事というのは、簡単に言うと監督が映画を撮ることができるように手伝うことです。教え子ですから、自分よりも経験が浅い監督なわけなので、映画の完成、観客と出会えるまでをサポートする仕事はやりがいがありました。今後もそんな若い監督たちをサポートしたいと思っています。1年に1本ずつくらい？　そんなことも考えています。

――コロナ禍で何か監督に変化はありましたか？

準備していた海外ロケのプロジェクトが延期になったり、個人的には大きな打撃を受けました。私だけでなく、多くの映画人が困難に直面しています。まだまだ続きそうな見通しなので、だとしたら今のこの時間をクリエーターとしてどんなふうに過ごせばいいのか、そんなことを常に考えています。環境が整うのを待つだけでなく、この状況下で自分が作れる映画は何なのか、それを考えることによって今の状況を打破しようと思っています。これまで人間はあまりにも移動しすぎ、たくさんゴミを出しすぎました。コロナを経験して、今までどれほど無駄な消費をしてきたのか、そんなことを少し振り返ってみるきっかけになったと思います。

――目標とする監督像のようなものはありますか？

着実に映画を撮り続けたいです。年齢を重ねてからも元気に映画を撮り続けている監督を見るととても羨ましいです。そして、最近よく思うのは、誰からも必要とされなくなる前に監督業をちゃんと引退したいと。自分の欲のために映画界の周辺をうろうろする人になりたくないんです。クリエーターとして自分にできることをやり終えたら、映画界からきっぱり立ち去りたい。うまく引退することも大切なことだと思います。かつての人気を引きずってどこかの団体の長になったり、学校に残ったりせず、クリエイターとして、プレイヤーとして残っていたい。そんなふうに思っています。自分自身が映画を観る時。これは自分の面白い映画の基準でもありますが、私たちの人生が上手に反映された映画が面白いと思っています。一本の映画を観る短い時間の間に、自分の人生を振り返り、人生の中で持っていた疑問に対する糸口を掴んだり、気付いたりできる、そんな映画が好きです。そういう映画を作りたいですし。でも、最近はそんな映画に出会うことがだんだん難しくなった。私の個人的な人生を分かち合いたいというよりも、ある人物のとある人生を真実として描きたい。そして、映画を一緒に作った人々にその映画がとてもいいプレゼントになったらいいなと思っています。

『好きな人たちと長く仕事をしたい』『着実に映画を撮り続けたい』と語ったチャン・ゴンジェ。コロナ禍の2020年にはバンクーバーから縁を紡いできた真利子哲也監督のプロジェクト「MAYDAY」の韓国パートを担当。そして、2022年、チャン・ゴンジェが初めて手がけたテレビドラマ「怪異」は、第26回プチョン国際ファンタスティック映画祭で全話一挙上映され、テレビの枠を超えた映像の美しさをスクリーンで再確認させることとなった。また、コロナ禍に少人数スタッフで撮り上げた「5時から7時までのジュヒ」は第27回釜山国際映画祭の〝韓国映画の今日―パノラマ〟部門にてワールド・プレミア上映され、映画祭関連イベントとして行われた韓国映画振興委員会主催の〝日韓映画人対談〟では韓国を代表する監督として登壇。「ひと夏のファンタジア」で得た経験などをもとに合作映画の可能性などについて語る役割も担った。次回作となるチャン・ガンミョンの同名小説が原作の「韓国が嫌いで」も秋にクランクインし、コ・アソン主演で、韓国とニュージーランドを舞台に撮影が進行中だ。大学教授、プロデューサーとして次世代の映画人を育てながら、自身の出版社を立ち上げて「カメラの前で演じること　映画「ハッピー・アワー」テキスト集成」（濱口竜介・野原位・高橋知由 著）の韓国語版を出版するなど、多方面にわたって韓国映画のベースを支える活動も続けている。そんな彼が次に繰り出す次の一手は何か？　これまでの監督たちとは違う、次世代の韓国作家主義監督チャン・ゴンジェから目が離せない。

チャン・ゴンジェ

１９７７年生まれ。韓国映画アカデミー19期（撮影専攻）卒業後、中央大学先端映像大学院映像芸術学科映画演出専攻で製作修士学位（ＭＦＡ）を取得。１９９８年に監督・脚本した短編映画「学校に行ってきました」で韓国青少年短編映画祭奨励賞を受賞し、数々の映画祭に招聘された。２００９年に長編デビュー作となる「十八歳」を発表、第28回バンクーバー国際映画祭グランプリなどを受賞。２０１１年、「眠れぬ夜」、２０１４年、「ひと夏のファンタジア」を発表。現在、龍仁大学校映画映像学科教授。

２００９　十八歳
２０１１　眠れぬ夜
２０１４　ひと夏のファンタジア
２０２２　月が沈む夜
２０２２　5時から7時までのジュヒ

インタビュー

第9章 チャン・リュル

Chang Ryul

写真　MEGUMI

チャン・リュル

文――佐藤 結

ここで撮ると決めたら、
その場所で10分ほどひとりになります。
そして、「こうやって撮ります」と
スタッフに説明します。
その10分の時間をとるまで
私自身も自分が何を撮るのかが
わかっていません。

「私はただの監督です」
かつて、「ご自身を韓国の監督と考えていらっしゃいますか?」という質問に、チャン・リュルはこう答えた。朝鮮半島からの移住者の息子として中国吉林省の朝鮮自治州で生まれた彼は、小説家として活動後、短篇映画「11歳」(01)が国際的に評価され、04年の「唐詩」で長篇デビューを果たして映画監督となった。日本公開もされた「キムチを売る女」(05)など、主に中国社会の片隅で厳しい人生を送る人々を見つめた作品を6本作った後、12年から韓国に居を移した頃には、『あまりに大変すぎるので』映画を撮ることを辞めることも考えていたという。

しかし、映画は彼の手を離さず、全州(チョンジュ)国際映画際との縁からスタートしたドキュメンタリー「風景」(13)に続き、泰然とした雰囲気とユーモアに満ち、それまでとはまったく違う空気が流れる「慶州(キョンジュ) ヒョンとユニ」(14)を発表した。さらに、ソウル老人映画祭から依頼を受け、古い病院で撮り始めたという「フィルム時代の愛」(15)は、ある短編映画とその撮影現場の様子をとらえた『愛』、『愛』が撮影された場所を別の角度から撮影した『フィルム』、『愛』に登場した俳優たちの過去作の音声を消し、テロップをはさんで無声映画として構成し直した『彼ら』、『愛』を音声と空間だけで再び見せる『また、愛』という4つのパートからなる実験的な作品となった。また、16年の「春の夢」は、ソウルの辺境とも言える古びた町で生きるはみ出し者たちを、ヤン・イクチュン、パク・ジョンボム、ユン・ジョンビンという演技経験のある監督たちに演じさせた、タイトル通り白日夢のような映画だった。その後も、韓国南部の港町である群山《グンサン》や、映画祭を通じて縁を育んだ日本の福岡などに出かけ、映画を作り続けている。

チャン・リュルの話を聞いていると、彼の映画作りは、いつも、ある場所や人との出会いから始まっているということがよくわかる。穏やかで、まるで仙人のようにも感じられる語り口の向こう側には少数民族として中国で暮らし、祖先の地である韓国においても異邦人として過ごしてきた彼の、決して穏やかではなかったであろう人生が感じられる。莫大な予算をかけた大作や、マーケティングに基づいた娯楽作、あるいは、大学や専門機関で教育を受けた若手作家たちによるインディペンデント作品が目立つ現在の韓国映画界において、他の誰とも違う態度とやり方で映画を作り続けてきたチャン・リュルの作品は、静かな光を放ち続けてきた。彼の映画がどのように生まれてきたのか、その言葉に耳を傾けてみたい。

——映画を作る際に、コンテはおろか、時には完成したシナリオもない状態で、撮影に入るそうですね。いったいどんなところから、あなたの映画は始まるのでしょうか。

出発点は、ある空間に興味を持つことです。その空間のことを考え、そこにどんな人がいるのか、その人たちはどんな感情や情緒を持っているのかと考えながら、映画作りを始めます。ですから、空間、つまり、現場で多くのことを考えます。コンテは作ったことがありませんけれど、たとえ作ったとしても、その通りにはいかないでしょう。ほとんどのことを現場で決めていくので。まず、現場に行き、ここで撮ると決めたら、その場所で10分ほどひとりになります。それから、撮影監督や照明、録音のスタッフを呼び、「こうやって撮ります」と説明して照明の位置を決め、俳優たちに入ってもらっています。正直に言うと、その10分の時間をとるまでは、私自身も自分が何を撮るのかがわかっていません。ですから、スタッフは私のことをあまり好きではないと思います。

——空間へのこだわりを反映してか、「重慶」（08）にはじまり、今はなくなってしまった地名である「イリ」（08）、「慶州」、「福岡」（19）など、タイトルに地名がついている作品が多いですね。長篇第11作となる「群山：ガチョウを歌う（原題）」（18）も、全羅北道の港町である群山《グンサン》を舞台にした映画です。ここで映画を撮影しようと思ったのはなぜでしょうか。

映画の舞台として群山を選んだ理由は、他の映画とはちょっと違っています。もともとは、全羅南道にある木浦《モッポ》という港湾都市で撮ろうと思っていました。木浦大学から特別講義に呼ばれたことがあって、そのときに訪れた木浦という都市がとても印象的だったからです。韓国の他の都市に比べてあまり発展していないように見える街で、日本による植民地時代に建てられた建物が残っていました。そんな街の通りを歩いていると『ここは日本なのかな？』と錯覚に陥ることさえありました。そして、その時代の痕跡が残っている空間では、人々の考えも、その時代と断絶してはいないのではないか、今も昔の情緒が残っているのではないかと考えました。それならば、ここで映画を撮らなければと思うようになりました。

ソウルに戻って、「慶州」でご一緒した俳優のパク・ヘイルさんとお酒を飲む機会がありました。そこで『木浦という空間が印象的だった。映画を1本撮ってみたいと思っている。一緒にやらないか？』と誘いました。パク・ヘイルさんは一緒にやろうとなるとハンティングにも一緒に行ってくれる、とてもよい俳優です。その後、いろいろ忙しかった私がそのままにしていたら、パク・ヘイルさんから2、3回、『木浦に行かないのですか？』と電話がかかってきました。それでも行かないでいたら、ある日『僕、今、木浦にいます』と電話がかかってきました。スター俳優がそこまでしてくれていたのに私の態度はずいぶんひどかったなと思いながら、すぐに行きました。二人で1泊して、散策しながらいろいろお話をしました。それから、スタッフと一緒にもう一度、ロケハンに行きました。映画の舞台として大事な民宿として使えるような、気に入った建物を見つけたのですが、そこが文化財だったため、撮影許可が下りませんでした。その他に気に入る場所がなくてどうしようかと話していたときに、演出部のひとりから「植民地時代の雰囲気が残っている別の場所はどうでしょうか」と言われ、群山に初めて行きました。行ってみると、植民地時代の建物が木浦よりもたくさん残っていました。と、同時に、木浦とは違う印象を受けました。木浦が荒削りだったとしたら、群山は優しい、ソフトなイメージでした。全羅道で恋に落ちた人々は群山に行く、という話も聞いたので、映画の中に愛の物語をたくさん入れようと思いました。

――「群山」もそうですが、「慶州」や「福岡」でも、主人公たちが訪れた旅行先で起こる出来事が描かれています。彼らはいずれも、『今、ここにはいないもの』に導かれてその場所へとやって来ますが、あなた自身も、ある場所へと、そのように導かれているのでしょうか。

私がある空間に行って、魅力的だと思えるときは、明らかに何かがあるからということではありません。むしろ、その空間に染み込んだ時間の積み重ねや痕跡が私を呼んでくれているのではないでしょうか。人生というのは、今、この瞬間だけではなく、過去や未来とも繋がっています。過去、現在、未来というのは、決して分けられるものではなく、ひとつなのではないかと思います。私たちの目に見えるものは現在です。ただ、時間が経っても昔の情緒というものは、痕跡として残っています。そういったものに導かれて、私はその空間に行っている気がします。映画の中である人物を撮る際にも、同じようなことがあります。ある空間で人物を撮りました。そして、その人が、カメラのフレームの中から出ていきます。果たしてそれで終わりなのだろうか、と。普通だったら、その人物をカメラが追いかけて行くのかもしれないのですが、私は残された空っぽの空間を撮り続けます。その空間には、さっきまで人がいた。そして、そこから出ていった。だけれども、本当に出て行ったのだろうか、と思うのです。その空間にはまだ、その人の情緒が残っているのではないか。ですからカメラも、出ていった人を追うのではなくて、その人がいなくなった後も、その人の情緒の残っている空間を写し続けることになります。

――「群山」は、詩人を志していたユニョンと彼の先輩の元妻ソンヒョンが群山に到着するところから始まります。しかし、その時間の流れは、映画の中間で唐突に終わり、続けて彼と彼女が久しぶりに再会した過去の時間が始まります。いわば観客は、直線ではなく、輪になっている物語を、途中から観ていたのだということに、気づかされる訳です。このような構成にした理由を教えてください。

これもまた、人生からきています。私たちは人生というものを、この世に生まれてから死ぬまで直線で進んでいるように思いがちですが、死の近い方たちと話してみると、終わりというよりも、元に戻っていくような印象を受けました。死ぬということは、そこで終わりではなく、もう一度生まれるというか、元に戻っていくような気がします。始発点が終着点であり、終着点が始発点なのではないか、というふうに思います。私もある程度の年齢になってきたので、そんなことを考えるようになりました。ある人との愛を思い出すときもそれと似ているような気がします。誰かと出会った後、その関係はうまくいっているときもあればそうでないときもあります。そして、愛が終わってしまうことの方が悪いとは必ずしも言えない気がします。記憶の順序というのもそれと似ています。「群山」でパク・ヘイルとムン・ソリが演じる二人の人物の感情は、(ソウルで再会したときではなく、その後)バスに乗って群山に着いたときから始まっていると思います。人の記憶というものからは、たくさんのことが削ぎ落とされもしますし、いろんなものが付け加えられたりもします。最終的に二人の恋愛は成就しません。そんな関係にとっては、スタートが終わりであり、終わりがスタートなのではないかという思いでした。

群山は、パク・ヘイル演じるユニョンの母の故郷という設定です。彼は母についてあまり知らず、彼女がどんな人なのか、どんなところで育ったのかということが気になっていたので群山に行ったわけです。一方、二人の愛がどうなっていくかも空間によって決まっていきます。おそらく、当事者たちは、自分たちの愛がどうなっていくのかわからなかったかもしれないのですが、二人が訪れた空間は二人の愛について知っていたのではないでしょうか。ですから群山は、ユニョンの母にまつわる空間であり、二人の愛の行方を見守る空間でもあった。そんなことを考えながらこの映画を撮り、編集をしました。

――「群山」のサブタイトルである「ガチョウを歌う」は、駱賓王という人の書いた「詠鵞」という詩に由来しているそうですね。どんなふうに映画と結び付いたのでしょうか。

駱賓王は中国の唐の時代の詩人です。彼が6歳か7歳の頃に書いたといわれています。幼稚園くらいのときに習うので、中国人であれば、誰でも知っている詩です。「群山」の主人公ユニョンは華僑の学校に2年通ったという設定にしました。それであれば、当然、この詩のことも知っているはずなので、酒に酔った彼がこの詩を朗唱するシーンを作りました。中国では田舎に行くと、卵や肉を食べるためにたくさんのガチョウが飼われています。韓国ではほとんど見ないので、『韓国ではどんなところにガチョウがいるのか』と聞いたら、スタッフが『愛玩動物として飼う人が時々いるくらいだ』と話してくれました。中国とはずいぶん違うんだなと面白く感じました。ユニョンは、詩人の尹東柱（ユン・ドンジュ）が好きで、自分自身もかつては詩を書いていた人物です。そういったことがめぐりめぐって繋がって、この映画となりました。

――「群山」では、韓国の国民的詩人として愛されている尹東柱の出身地が、現在、韓国へ多くの出稼ぎ労働者を送り出している中国・吉林省であることが指摘されます。また、主人公の家で家政婦として働く女性や食堂の店員など、何人かの朝鮮族が登場します。

私自身も吉林省の延辺出身です。韓国では、ソウルでも、どこの地方に行っても、延辺出身の朝鮮族がいない場所はありません。女性たちは食堂で、男性たちは建設現場のような場所で働いています。非常に疲れるような、あるいは危険な仕事をたくさんしています。延辺という空間は歴史の発展の中で、その意味が常に変わってきた場所です。植民地時代は〝満州〟と呼ばれ、朝鮮半島からもたくさんの人がやってきました。植民地統治に反対する人に加え、朝鮮半島での暮らしが苦しかった人たちもたくさんやってきて土地を開拓しました。あのあたりは土地がたくさんあったので。あの時代、満州にいた朝鮮の人々、朝鮮半島にいた朝鮮の人々、日本にいた朝鮮の人々、それぞれの人生は違うものになりました。それから時代が流れ、92年に中国と韓国が国交を結びました。朝鮮族にとっての故郷である韓国は発展していたので、そこに行ってよりよい人生を送りたいと思うようになりました。韓国でお金を稼いでよりよい人生を送ろうと思うのは当然のことです。

一方、(「群山」でも度々、言及される) 詩人の尹東柱は故郷の延辺から平壌、ソウルを経て、日本に行きました。彼は文学を通して世界とどう対話をするのかを考え、そして、人生と世界を詩で語りました。彼がたどった道のりは詩人として辿ったものでした。今、彼の故郷である龍井市智新鎮明東村に行くと、人々の多くは、出稼ぎに行き、韓国で仕事をしています。そう考えると、尹東柱が今、生きていたら、韓国で働いていたかもしれません。そういった意味では、人の運命というのは、大きな歴史の流れの中で、偶然に作られていくものではないでしょうか。特に、朝鮮の人々は、歴史の中で本当に様々な場所に行きました。今、韓国の人々と延辺出身の朝鮮族は、言語は同じで同じ顔をしていますが、生きてきた歴史の空間が違うので、考え方や情緒は違います。その点が、興味深いなと思いました。

「群山」の中で、主人公の二人はソウルから群山に行きます。彼らは韓国社会の中では主流といえる人々です。一方、彼らが出会う朝鮮族は主流ではない。そうした人々の情緒の違いというのはどんなところにあるのか。そんなところにも関心を持ってきました。映画の中でムン・ソリ演じるソンヒョンがお酒を飲みながら「自分の大叔父は満州に残った。もし、私の祖父が残っていたら、私も朝鮮族だった」というセリフがあります。彼女は、そこまでは考え、朝鮮族のためによいことをしたいとは思うけれども、いざ、自分が朝鮮族と誤解されるのは嫌だと思う。そこがおもしろいと思いました。(韓国の人々と延辺出身の朝鮮族は) お互いに、窮屈な思いをしている。私はそのことに対して関心を持っています。それをどんな距離で話し合うか、率直に話し合うべきではないのかという問いは朝鮮の人々にとっての課題のひとつではないかと思っています。

——故郷である延辺で、今後、撮影する予定はありますか。

以前、「豆満江」（11）という映画を撮りました。それ以降も、機会があれば撮ってみたいという考えはあります。中国では全ての映画の脚本を検閲します。検閲を通れば撮れますし、通らなければできません。「豆満江」の頃はそういうことを知らなかったので勝手に撮りました。知っていたら撮りませんでしたね（笑）。

――「慶州」、「春の夢」、「群山」と、あなたの映画には占いに行くシーンがよく出てきます。特別な意味があるのでしょうか。

私自身は占いに行ったことがありません。ただ、不思議なことに、私が映画を撮る場所の周りにはなぜか、占い師がいたのです。映画を撮っていると、映画に登場する人物たちが本当にそこに住んでいるのではないかと錯覚に陥ってしまうことがあるのですが、そんな感覚で占い師の家を見つけると、『映画の中の人物とどんな関係があるのだろうか？』『きっとこの人たちも占いに行くのではないか』と思えてきて、撮ってしまいます。私自身は占いを信じていないので、映画を撮るふりをして占い師を訪ねているのかもしれません。いつの日か私が占いを信じるようになったら、占いの店は出てこなくなる可能性もありますね。

――日本を舞台に「福岡」、「柳川」（21）という作品も作られました。映画を撮ることになったきっかけは？

福岡に初めて行ったときに柳川にも行きました。何も考えずに遊びにいったのですが、とてもよかった。静かで、水路があって、迷宮に入りこんだように感じました。『どれくらいここに住んだら迷宮から抜け出せるのだろう』と、突拍子もないことを考えたりして、とても気になる場所でした。その時に福岡の友人たちに『柳川で映画を撮らないといけない』と話したのですが、そのまますいぶん時間が流れてしまいました。そのうちに『柳川の前に福岡で撮ったらどうでしょう』と言われ、福岡で先に撮ることになりました。

――あなたは、現在、北京に滞在中で、「柳川」の音響作業は台湾で行う予定だとうかがっています。韓国を拠点にした映画作りが一旦、終了ということでしょうか。また、今後、撮影してみたい街があれば教えてください。

私自身もよくわかりません（笑）。今後、新しい映画を作るのか、もう撮らないのかもよくわかっていません。

――「福岡」は、行方不明になってしまった女性を探して二人の男性が韓国から福岡へとやってくる映画でした。また、「柳川」では、北京に住む男性が余命が短いと知った後、兄と共に柳川を訪ねます。『旅』と『死の気配』は「慶州」以降の作品に共通するモチーフですね。

言われて初めて気づきましたが、テーマを決めて撮っているつもりはなく、生活の中から出てきた自然な感覚ではないかと思います。中国では、生まれてから死ぬまでをひとつの旅であると例えることが多い。「慶州」という映画を撮ったときには、私はすでに歳をとっていましたし、今はもっと歳をとっています。周りには旅の途中にある人、あるいは旅を終えて去っていった人がどんどん増えています。ですから、そういうところから旅というモチーフが出てきたのではないでしょうか。老いることによって自然に生まれてきた傾向かなと思っています。

――「柳川」で、兄弟に忘れられない思い出を残した女性の名前の発音が街の名前と同じ『リウチュアン』であるという設定のアイディアはどこから？

初めて柳川に行ったのは先ほどお話ししたように10年くらい前のことですが、とても美しくて静かなところだという印象を持ちました。中国にはもともと『柳』という名字があり、この美しい町と同じ名前を持つ人と考えると、男性ではなく女性、美しい女性じゃないかと思いました。そこからいろいろと空想を働かせて、そういう人がいたら面白いだろうな、そして、その人が柳川に来たらもっと面白いだろうなと想像していくうちに、イメージが広がっていきました。

――「慶州」以降、韓国人俳優と組んで作品作りをしてこられましたが、今回、リウ・チュアン役のニー・ニーさん、兄弟役のシン・バイさん、チャン・ルーイーさんと、中国を代表する俳優たちとのお仕事でした。

実際に撮り出してみると、まったく同じだなと思いました。以前、韓国にいたときに中国のスターたちは一緒に仕事がしづらいという噂を聞いたことがあったので、少し不安を抱えていたのですが、撮りたいものについて共鳴することができれば、経験豊富な彼らはすばらしい能力を発揮してくれます。また、今回、新たに気づいたのは、日本の俳優さんたちもとてもすばらしいということです。宿の主人を演じた池松壮亮さんにせよ、居酒屋を営む女性に扮した中野良子さんにせよ、私はとても感動し、とても多くのものを学びました。映画に対する情熱を感じました。

——池松壮亮さんと一緒にお仕事されての印象を教えてください。

とてもよかったです。まじめで、映画の細かいところまで深く考えている方です。もともとは、ほんの少しだけ出てもらう予定でした。東京でキャスティングのためにお会いした時に『2、3日来て、手伝ってほしい』と頼みました。その後、『出演シーンがない時でも、そばにいてくれたらうれしい』と言ったら、出番のない時もずっとそばにいてくれました。そのため自然に出演が増えました。今はとてもいい友達になり、次に撮るときはどんな映画であれ、一緒にやろうと約束しました。

——チュアンと居酒屋の女将が別々の言語で話しながら心を通わすシーンが印象的でした。また、別の都市から北京へとやってきたチュアンが『北京語』に心を傷つけられた経験を持っているなど『言葉』についても考えさせられる映画でした。

言語というものは、もともと人類が互いに交流するために作られたものだと思います。また、それによって、人々はコミュニケーションをとり、発展にも大きく貢献してきました。一方で、言語というものは、権力とも結びついて、様々な矛盾を生み出してきました。たとえば、80年代の中国では計画経済が残っていました。配給制度も行われていましたが、例えば北京は、油の割り当てが地方都市に比べて多いなど、大きな力を持っていて、それが言語と結びついていた。つまり、北京方言を話せるということは、それだけでその人の力を示していたわけです。これは中国特有の事情ですけれども、日本でもおそらく、東京の言葉を話す人と、地方の言葉を話す人というのは違うのではないでしょうか。こういった生活の中での言語との関係というものが、映画の中に反映されたのではないかと思います。

――「柳川」の制作中に、世界は新型コロナウイルス感染症のパンデミックに見舞われました。映画作りへの影響はありましたか。

「柳川」を撮影してすぐに韓国に戻って編集作業を進め、その後、中国に戻って作業をしました。サウンドに関しては台湾のチームがやっていたので、オンラインでミックスの作業をしました。私にとっては初めての経験でした。全ての生活の変化は、制作にも影響してきます。コロナの影響というのは全世界の監督たちが受け、皆、大きな変化を経ていると思います。私はこの三年間ずっと北京にいます。韓国にも日本にも行けない状況の中、北京で一本の映画を撮り、現在、編集中です。この映画が出来上がって観客の皆さんに観ていただければ、私の中でどんな変化が起きているのかということが伝わるのではないでしょうか。

チャン・リュル

1962年生まれ。2001年「11歳」を監督。初めて手がけたこの短編作はベネチア国際映画祭など各地の映画祭で上映された。そして、イ・チャンドン監督の支持を受けて、04年にデジタルカメラで撮影した「唐詩」で長編デビューを果たす。続く05年に「キムチを売る女」がカンヌ映画祭で受賞したことから韓国でも認知度が上昇。2014年の「慶州（キョンジュ）ヒョンとユニ」以降の作品には韓国の有名俳優を起用するようになり、ホン・サンスと並んで論じられることが多くなった。最新作「柳川」が12月16日より福岡にて先行公開。12月30日より全国公開となる。

2001　11歳
2004　唐詩
2005　キムチを売る女
2006　事実
2007　境界
2008　重慶
2008　イリ
2011　豆満江
2013　風景
2014　慶州（キョンジュ）ヒョンとユニ
2015　フィルム時代の愛
2016　春の夢
2018　群山：ガチョウを歌う
2020　福岡
2021　柳川

第10章 ナ・ホンジン

Na Hong-jin

論

ナ・ホンジン
今では代替不可能なひとつのジャンルになった監督

文――ホ・スンホ

スリラーは〝ハラハラする感情（thriling）と緊迫感（suspense）を中心にする叙事物一般〟をさすものであり、犯罪、捜査、推理物と明確に弁別されず、創作物の源泉ストーリーと多様に接し、拡大、再生産される。このような意味でスリラー映画は緊張感を誘発し続けるナラティブ公式を持つ映画を称する。韓国の商業映画においてスリラージャンルの底辺を拡大した監督を挙げるとしたら、断じてナ・ホンジンである。２００８年「チェイサー」をはじめに、２０１０年「哀しき獣」、そして２０１６年「哭声　コクソン」まで、ただ3本の映画だけだが、彼の作品は商業的な成功を超えて、全世界的に評論家と関係者たちの関心と賛辞を受けて、ポン・ジュノとパク・チャヌク監督の跡を継ぐ監督となった。韓国映画界のある関係者はナ・ホンジン監督について〝魚の骨についた身をひとつも残さず丁寧に取って食べて、ソンジスープで口直しをするだろう人物。会うのを躊躇したくなる、怖い監督〟と言いながら、少しはヒヤッとする絶賛をした。彼は物凄い完璧主義者であり、映画製作のためなら自分自身も酷使させる人物で、演出した作品全てが厭世主義と暴力性が強く、監督自身の執拗さがそのまま投影されたディテールと高い完成度の作品で観客と評壇を捕まえた。

もっとも大衆的で直感的なスリラー映画「チェイサー」

ナ・ホンジン監督はあるインタビューで「チェイサー」は〝一言でいうと豊かな大韓民国のある住宅街のど真ん中で凄惨な殺人事件が広げられるストーリー〟と定義しながら〝どことなくひねくれた我々社会の構造的な矛盾と不条理に触れたかった〟と明かした。彼は映画の中で〝不快感〟を上手にいかす長点を持つ監督で、デビュー作「チェイサー」から本人の特技をうまく生かしている。暗くてしめっぽい、手に汗を握らせる不快感に緊張感をくわえながら極大化させてしまう、一言でいうとむかつくけど没入される。

「チェイサー」は当時の希代の殺人犯であるユ・ヨンチョルの殺人事件をもとにした作品だ。デリバリーヘルスの経営者である元腐敗刑事ジュンホ（キム・ユンソク）。彼が雇っていたヘルス嬢が次々と行方不明になる事件が起こる。そのうち、一番最近仕事をしたミジンに電話をした客の電話番号とこれまでに行方不明になった嬢たちが最後に連絡をした番号が一致することに気が付く。しかし、望遠洞（マンウォンドウ）近辺に仕事に行ったミジンすら連絡がつかなくなり、ミジンを探し始めたジュンホは偶然、洋服に血が付いたヨンミン（ハ・ジョンウ）に出会う。ヨンミンが犯人であることを直感して、追跡のすえ彼を捕まえるが、行方不明になった嬢たちをみんな殺害したという衝撃的な告白を黙々と打ち明けるヨンミンの姿に警察署は大騒ぎになる。功を立てることだけに血眼になった警察はミジンの生死よりは証拠探しに汲々とし、ミジンが生きていると信じているジュンホだけが、ミジンを探し続ける。

映画のモチーフになったユ・ヨンチョル事件は2003年9月から2004年7月まで計20人を殺害した猟奇的な連続殺人事件。「チェイサー」は単に連続殺人事件を描いたスリラー映画というよりは、映画より残忍な現実がいまだに我々のそばにあるということをナ・ホンジンは語っている。彼は〝「チェイサー」はミジンが迎えた死の危機に関するストーリーである。相手にしたくもない、一緒にいたくもない売春をしている女性だが、観客の皆がミジンが生き残ることを願う。その娘は遺伝子を受け継いだ存在だ。娘はミジンの幼年に最もよく似ているはずであり、純粋で愛しい子供が親なしで生きてきて、ミジンのように売春をすることになったのであれば、誰がその子供に石を投げられるか聞きたかった〟。単純にヨンミンとジュンホの対決に焦点を当てず、凄惨な事件だけに関心が集まり、肝心な被害者は視線から消えるというこの社会のシステムを真正面から取り扱っているのだ。それで公権力に対するナ・ホンジン監督の視線はとても批判的である。映画の中の警察は無気力である。昼寝をしていて被害者女性の差し迫った救助要請の電話にもでないくらいだ。代わりに犯人の検挙で昇進することには関心がもっと大きい。殺人犯を止めようとする唯一の人物が不正を犯して首になった腐敗警察という設定がアイロニーだけど説得力がある理由だ。

ナ・ホンジン監督は観客にあらかじめ殺人犯を提示することで被害者の女性が一刻でも早く彼から逃げられることを応援させる。しかし、映画の終わりに続く悲劇で女性は逃げることができず、凄惨な死を迎える。このことで「チェイサー」は被害者女性の苦しみに観客が共感すると同時に加害者である連続殺人犯に対する嫌悪感を引き起こす。結局「チェイサー」は、被害者に集中して物語が進行される映画であり、観客たちの応援とは違う凄惨な結末を迎える。

ナ監督は〝俳優たちの演技力があまりにも素晴らしくて私が構想したキャラクターよりはるかに豊かで生き生きとした人物に創造されました。彼らとともに作業できたことは幸運です〟と無能な警察を戯画化する中で、まるで野生の動物のように演技する〝悪質な警察〟キム・ユンソクとセリフやジェスチャーひとつひとつがぞっとさせる連続殺人犯ハ・ジョンウをほめたたえた。実際に彼らが演じたキャラクターの力と映画が繰り広げられるにつれて沈むことなく、最後まで集中させる監督のリズム感ある編集の熟練さが組み合わされて、従来のスリラー物が持っているクリシェを破ってひねりながら、リアリティーを生かし、高調される緊張感を失うことのない作品が生まれたのである。

最終的には「チェイサー」は青少年観覧不可等級で観客数５０７万１６１９人を達成し、ハリウッドにリメイク版権まで売られて、２００９年カンヌ国際映画祭非競争ミッドナイト・スクリーニング部門に招待され、アメリカ映画評論家ロジャー・イーバートからハリウッドが学ぶべき映画という評価を受けた。このことは、デビュー作とは思えない高い成績表をもらった記録。殺人の背景説明を果敢に省略、キャラクターを扱う実力、殺伐な暴力描写に至るまで、映画に対する賛辞一色の評価は大型新人監督の誕生を祝う反応であった。もしかするとナ・ホンジン監督は韓国映画界においてボン・ジュノ、パク・チャヌク監督のすぐ後ろを追うチェイサーの存在になったのである。

海を渡るとみんなが敵になってしまった男の話「哀しき獣」

「チェイサー」から2年ぶりに登場したナ・ホンジンの2番目の映画「哀しき獣」。デビュー作「チェイサー」でスリラージャンルの新しい地平を開いたと評価されたナ監督が〝2年目のジンクス〟というソフォモアジンクスを破ることができるか焦眉の関心だった作品だが、彼はそのようなジンクスよりは〝他が不安というよりはたくさん期待してから映画を観るとあまり面白くないのでは……と不安だった〟と話した。また、前作に続いてハ・ジョンウとキム・ユンソクを同じくキャスティングしたが、そのことに関してナ監督は〝二人の俳優が再び出演することで「チェイサー」と比較されたりすることはあまり気にしませんでした。私よりは私の周りの人たちが心配しました。なぜなら、そもそも「哀しき獣」のシナリオを二人の俳優に渡してはいたが、キャスティングする意図はありませんでした。ただシナリオを渡しただけだったんです〟。なのに、すぐにキム・ユンソクがミョンを演じると話してから、自然にハ・ジョンウも出演を決めるようになったと。「チェイサー」と「哀しき獣」ともに男たちに関する話であり、追うものと追われるものが登場するが、面白いところは「チェイサー」ではキム・ユンソクが走っていたのであれば、「哀しき獣」では立場が変わったハ・ジョンウが走っていた。スリラーというジャンルとともに追跡戦は、もはやナ・ホンジン監督の映画では外すことのできない見どころになってしまった。もちろん暗い素材と残忍な暴力性による不愉快さと緊張感もやはりナ監督の映画では外すことのできない魅力であり、特徴だ。

「哀しき獣」の主人公キム・グナム（ハ・ジョンウ）は延辺でタクシー運転手として働く。彼は借金まみれで廃人のような日常を暮らしている。韓国に出稼ぎに行った妻は6ヵ月も連絡がなく、お金を増やすために賭け麻雀に出入りするがいつも負けるだけである。そんなある日、殺し屋のミョン・ジョンハク（キム・ユンソク）から韓国に行って一人を殺害してくるようにと提案される。切迫な現実で選択の余地がなかったグナムは、借金返済のために、そして、妻に会うために黄海を渡る。しかし、殺人を依頼された相手が他の誰かに殺されてしまいながら、ヤクザと彼に殺人を依頼したミョン・ジョンハク組、そして警察の皆に追われるようになる。

韓国では珍しく4段落に分けられた映画は、長いランニングタイム（156分）を賢く分割しており、退屈する暇もない。ナ監督の才能、すなわちローラーコースターのようにサスペンスを維持しながら暴力の対比でスリラーというジャンルを料理する実力が十分に発揮された秀作であるという評価だった。

ナ監督は「チェイサー」の撮影を迎えて粉食を食べに行った記憶を思い出して「哀しき獣」を構想するようになったと。〝10歳くらいにみえるアラブ系の子供が汚い作業服を着て、丼物を食べている姿を見ましたが、それが始まりだったと思います。とても驚きました〟と話しながら彼は「哀しき獣」のシナリオを書くとき、人を殺すという素材を最初に思い浮かべたらしい。〝恨みや理由があって殺害するのではなくて、誰なのかも知らず、会ったこともなく、理由も知らずにこのような殺人を犯さなければいけない人に関する話、そして、その人に絡んでいる人たちの話をしたかったです〞。これは「哀しき獣」が朝鮮族ではなく、同時代、全世界どこにおいても可能な、アメリカに渡ったメキシコギャングに換えてもかまわないストーリーだったので、そのくらいジャンル的であるという意味に解釈される。

総製作費100億ウォンが投入された大作の「哀しき獣」は、ナ監督のソフォモアジンクスを破るだけではなく、パク・チャヌク監督の「オールド・ボーイ」（03）の金づちの代わりに骨を、ポン・ジュノ監督の『殺人の追憶』（03）の不協和音よりもっと大きな響きを持っている新しい方向性を提示した作品だ。彼において2年目の意味はなかった。韓国的スリラージャンルではなく、世界に飛び出す可能性をナ・ホンジン監督自らが立証する結果であった。このような成長の結果は正確に6年後にその姿を現す。

絶対に惑わされるなと言った映画「哭声 コクソン」

谷城（コクソン）は韓国全羅南道の東北部にある小さい郡の地名で、もともとはヨクネ（欲乃）またはヨクチョン（浴川）郡と呼ばれたが、昔から人々が交通の不便で通行に混乱を感じたあまり、通るたびに慟哭するといってコクソン（哭聲）と呼ばれるようになり、その後コクソン（谷城）に変更された。辞書的な意味のコクソン（哭聲）は〝祭事や葬儀のときにでる鳴き声を意味する〞。映画「哭声 コクソン」はタイトルから多重的な意味を持っており、模糊な性格をそのまますみせる。また、コクソン（谷城）はナ・ホンジン監督の外祖母の故郷であり、幼い頃彼が外祖母と一緒に神父、修道女の方々と楽しい幼年期を過ごしたところでもある。〝韓国に神様の空間があるとしたらどこだろうと考えたときに思い浮かんだのがコクソンでした。人間と自然と天がひとつのフレームの中に自然に入ってくる空間としてコクソンが最も適切でした〟。「哭声」こそがナ・ホンジン監督のスリラーが持つリアリティーが〝超現実〟的な存在と出会える最も最適な空間だった。映画「哀しき獣」から6年ぶりに戻ってきたナ・ホンジン監督は、前作たちの緊張感とは少し違って、ずっとゆっくり前進していきながらスリルを強化させる、というようなスタイルの映画が作りたかったと制作の感想を述べた。前作たちが枝葉的で、部分的で、即興的だったのであれば、「哭声 コクソン」では、加害者の過程ではない、世の中のどんな不幸であれ、被害者の立場で物事を見るべきであるという考えから始まり、その観点から描いたストーリーだった。ただ、ここでひとつ重要な要素が登場したが、それが〝超現実〟だった。ナ監督は前作でも善と悪の対決構図または悪を実行することによって救援を願う悪人について描きながら、神の存在という意外性を持ち出した。

ジョング（クァク・ドウォン）は、村に疫病のような変な病気がはやり、一家族尊属殺人事件などが起こる中、自分の娘ヒョジン（キム・ファニ）が同じ症状で病み始めると切羽詰まった彼は見知らぬよそ者（國村隼）のもとに行って騒がせ、祈祷師のイルグァン（ファン・ジョンミン）を呼び込む。ますます深刻になっていく娘の症状の前で、彼はよそ者を追い出すために村の青年たちと彼の家に訪れるが、よそ者は彼らの車にひかれて死んでしまう。深まる娘の症状によってジョングはだんだん暴力的に変わっていく。

誰かを殺害して犯人を捕まえれば解決される一般的なスリラーとは違って、やはりナ・ホンジンはジャンルの慣習に従わず、「哭声 コクソン」はより特定ジャンルでは解釈できないほど複合的な性格を持っている。もちろん映画「死霊館」（13）や「エクソシスト」（73）のようなキリスト的な色彩を基礎しながらも、土着的な素材である巫女（ムダン）とお祓い（クッ）を使用することで韓国式のオカルト映画の新しいジャンルを見せたが、一言では定義できない難しい作品。一体だれが善で悪で、誰の言葉が真実で嘘なのかなかなか模糊な状況で観客を引きずり込んで、二時間半の間ナ監督のえさに食いついて振り回された観客たちは映画が終わった後にようやく、映画のポスターに書かれた〝絶対惑わされるな〟を目撃してカオスになる。監督が意図したまこのような反応と映画のあらゆるところに隠しておいた様々な装置について〝このような混乱こそが「哭声コクソン」の正しいクライマックスであり、このようなジャンルを楽しむ観客に贈る一種のプレゼント〟だと話した。

息詰まる恐怖とサスペンスを創出するにおいては韓国で最高と言っても過言ではないナ監督は「哭声 コクソン」で、超自然的なシャマニズム的要素を結合させて人間の原初的な恐怖を感じさせながら、誰が善であり、悪であるか把握しにくい、重なったナラティブ構造を披露した。前作たちが地獄のような現実としたら今回には本当の地獄の扉を開いてしまった感じ。しかし、被害者の観点からの叙事は全ての悲劇はあなたの謝りではないというメッセージを監督ははっきり話している。死んでいくジョングが幼い娘ヒョジンに〝大丈夫。お父さんいるでしょ〟と話しながら、むごたらしい世の中でも最小限の希望を伝えたのである。もちろん「哭声 コクソン」に対する評壇と観客の反応はあまりにも様々であったが、最終的に687万人の観客を動員しながら、韓国スリラー映画に大きな一線を画し、第69回カンヌ国際映画祭非競争部門に招待されながら、起立・拍手と一緒に高い点数を記録しながら、再びナ・ホンジンの名を全世界に知らせた。

ナ・ホンジンとは何か?

ナ・ホンジン監督の作品の終わりには不便さと生々しい苦痛が伴う。濡れたハンカチをのどに押し込むようだが、問題は私ではない他の誰かに起こる苦痛であるので、顔をそむけながらも細目で確認する様である。しかし、このような苦痛を観客だけに要求するだけではない。ナ監督は本人と出演者の皆を極限まで追い詰めて、極限の状況の中でも最上の結果を要求する。完璧な呼吸が感じられる俳優たちの演技力と生き生きとした編集、そして、巧みを凝らして作ったミザンセーヌによる現実感が苦しいながらもとても目を離せなくさせるナ・ホンジン監督ならではの特技であるのだ。また彼は〝映画を撮るという制作者の意味もあり、創作に関する面もあります。特にこれから私にできる創作的な面において限界も感じるだろうが、独創性と深みを持って行かなければいけませんね〟と話したが、このことはこれから自分ならではのジャンルを別で開拓するという自らの決意を感じられる部分だ。デビューからこれまでたった3本の長編映画だけを作ったが、彼はもはやある列に加わったと言っても過言ではない。韓国スリラー映画を開いて、世界的に通じるストーリーを披露して、スリラージャンルを乗り越えるナ・ホンジンジャンルを開拓した。もうナ・ホンジンは彼が数えきれないほど見直しながら学んだと言及した先輩監督たちを、追撃する立場ではなく、本人そのものが代替不可能な分類できないジャンルになったのである。当分、いつナ監督の作品が訪れるかは誰もわからない。２０１９年新しいシナリオの執筆に入ったという話があっただけだ。彼の完璧な性格から推測してみると近いうちに4番目の作品に出合うのは難しいだろう。ただ、ナ・ホンジン監督が作り上げる〝ナ・ホンジンジャンル映画〟は、凄まじく全世界観客を再び揺さぶることには間違いない。

ナ・ホンジン

1974年、韓国生まれ。漢陽大学工芸学科を卒業後、映画製作の夢を追い求めて韓国芸術総合大学で学ぶ。「汗」（07）などの短編を製作したのち、「チェイサー」（08）で長編デビュー。ソウルで起こった連続殺人事件の実話にインスパイアされた同作品は、韓国で観客動員500万人超を記録し、大鐘賞の作品賞、監督賞をはじめ、数多くの賞に輝いた。カンヌ国際映画祭「ある視点」部門に出品された長編第2作「哀しき獣」（10）は、「チェイサー」のハ・ジョンウ、キム・ユンソクと再び組んだバイオレンス・スリラー。そして長編第3作「哭声 コクソン」（16）では、青龍映画賞の監督賞などを受賞した。プロデュース作品に「女神の継承」（21）がある。

2008　チェイサー
2010　悲しき獣
2016　哭声 コクソン

論

ホン・サンスが撮った映画　論

ホン・サンスが描く旅と街　論

第11章 ホン・サンス

Hong Sang-soo

論——ホン・サンスはどこへ行く？

文——暉峻 創三

長らくホン・サンス映画につき合い続けてきた者にとって、その新作を観る楽しみのひとつは、いつもながらのお決まりの道具立て、お約束の光景に再び出会えるということに違いない。巻頭のクレジット・タイトルの出し方に始まり、だいたいは監督本人やその周辺から材を取っているのだろう登場人物の職業・境遇設定、同じ役者たちの起用、男女間を含む人間関係の機微を主題とした同一ジャンル性、酒やタバコを共にして深まる（あるいは亀裂しそうになる）その親密度、断章スタイルで構成された物語、突然のズーム、主人公の心情を強調するのとは異なる音楽の入れ方……。物語は作品ごとに異なれど、ホン・サンスは小津安二郎と同様、反復することをけっして恐れない映画作家であり続けてきた。

この原稿を書いている2022年時点での日本公開最新作となる「あなたの顔の前に」は、しかしそんなホン・サンス映画を見続けてきた者にとっても、これまでとはやや異質な映画体験となったのではあるまいか。もちろんここにも、いつものホン・サンス映画的な要素は随所に転がっている。けれど、それと共に、冒頭のクレジット・タイトルの見慣れない入れ方を皮切りに、彼の積み重ねてきた作品歴にひとつの転機を刻もうとするかのような印象を与える部分も多い。そしてその直前に完成し、日本では同時に公開された「イントロダクション」は、「あなたの顔の前に」に始まる新時代を紹介・導入（イントロダクション）するための作品、もしくはそれまでの作品歴に一区切りをつけるための総決算として作られたようにも見える。

「あなたの顔の前に」が、過去のホン・サンス作品とやや違う印象を与える要因のひとつは、その驚くようなドラマ性にある。監督の映画作りの特徴的スタイルとして、クランクイン前に予め完成した脚本が用意されているのではなく、日々、撮影日の朝にその日撮る分のシナリオを役者に渡すという方法が採られてきたことは、よく知られている。本作も基本的にそのようなやり方がなされたには違いない。だが、それでもここには、少なくとも監督の脳内には最初から完成した脚本が用意されていたかのような風格がある。断章的であるよりも、リニアに展開し、いつも以上に古典的に、劇的に構成されたストーリーラインが存在するためだ。そしてその劇的な物語を構成する要素として、病、死といったものをこれまでになく前景化して活用しているのも、ドラマ性を際立たせる。

ストーリーを構成する背景の要素にも、変化が見られる。しばしば〝日常的〟とも形容されてきたホン・サンスの作品では、実際、多くの監督がドラマティックな盛り上げのために援用してきた要素は周到に避けられてきた。先にも触れた通り、たとえば登場人物の感情が盛り上がっても、そこにさらに音楽の力を借りてその感情を強調しようとするようなことを、彼はしない。本作でも、音楽を人物の感情の強調役に使うことはしていないが、元大女優である女主人公と映画監督である男主人公の間で感情が最も高まる瞬間が、大雨の日に設定されていることは注目に値する。雨が二人の距離を近づけ、そのロマンティックな感情を高ぶらせる役回りを、確かに果たしているからだ。

このような局面で雨が降る様は、屋外シーンまでセットで撮り、雨を降らせることを含め自在に天候を演出した古典ハリウッド映画のような撮影スタイルさえ連想させる。もちろんホン・サンスの場合、人工的な雨降らしは行っていないだろう。彼の映画の撮影スタイルをふまえて画面を奥までよく観察すれば、これは実際に大雨が降った日に撮影されたに違いないと確信できる。とはいえ、それは偶然の幸運の賜物で、劇中もっとも感情が盛り上がる場面を撮影するときに大雨が降った、というわけでもないだろう。おそらく脳内には脚本が当初からあらかた完成していたホン・サンスは、撮影期間中、天気予報を日単位、週間単位で詳細に入手し、ある程度大雨が期待できそうな日の検討を付けていた。そして実際に大雨が降ったところで、この場面の撮影を決行したのだ。

このような機動的な撮影が実行できる背景に、撮影チームの〝軽量化〟という基本態勢の徹底があることは疑いようがない。「あなたの顔の前に」のクレジットを見ると、製作、監督、脚本、撮影、編集、音楽、全てホン・サンスの名が記されている。そして制作室長として、公私ともに監督のパートナーであるキム・ミニの名もクレジットされている。この二人と出演者を除いたいわゆる技術系スタッフで、撮影現場に常時いるべき他者は、録音のソ・ジフンくらいしかクレジット上には見当たらない。

作品の終盤、居酒屋『小説』でイ・ヘヨン演じるヒロインと会話を積み重ね、長編映画への出演を打診したクォン・ヘヒョ演じる映画監督は、彼女が余命いくばくもなく、長編映画の脚本が完成するまで待っている時間はない、という衝撃の事実を告げられる。しかし映画監督はそれですんなりとは引き下がらず、だったら明日にでも短編を撮りませんか？　と提案する。撮影も、編集も自分でできるから、と。そして、自分のカメラで撮影し、いつも持ち歩いているパソコンで編集すれば、撮り終えたその場ですぐに作品を見られる、とも説得するのだ。

この臨機応変で、身軽な態勢は、実のところ監督ホン・サンス自身の映画作りの真髄を端的に言い表したものにほかならない（ちなみに、撮り終えたその場で編集してみるというのは、ホン・サンス映画に限らず韓国映画界にはしばしば見られるやり方である）。そしてこの特徴的な態勢の究極の姿が、撮影も自身の手で行う、ということなのだ。もともと相当に身軽なチームで撮影を進めていたと察せられるホン・サンスだが、それでも撮影はエキスパートの手に委ねてきた。なかでも「殺人の追憶」「グエムル 漢江の怪物」などポン・ジュノ監督作品の重厚な撮影で知られるキム・ヒョングが、同時にホン・サンス監督の「女は男の未来だ」「ハハハ」「へウォンの恋愛日記」「夜の浜辺でひとり」「それから」「川沿いのホテル」などの軽妙洒脱な撮影を担当していた撮影監督でもあることは、注目に値する（その他、イ・チャンドン監督の「ペパーミント・キャンディー」、ホ・ジノ監督の「春の日は過ぎゆく」などコリアン・ニューウェイブを代表する数々の作品の撮影を担当）。

しかし「あなたの顔の前に」に先んずる「イントロダクション」から、撮影もホン・サンスが自ら担当するようになる。本稿執筆時点では日本未公開の新作「小説家の映画（原題）」「WALK UP（原題）」に至るまで、最近の4作は全て監督が自らカメラも回したものだ。このことによって、ホン・サンス映画名物のズームを含め、カメラワークに特段の大きな変化が認められるわけではない。ただ、「あなたの顔の前に」のなかの映画監督がそうであったように、ホン・サンスも自らカメラを回すことによって、より様々な事態に身軽に対応できることから、この方式を好んで続けるようになったのだろう。

ところで「あなたの顔の前に」で映画監督がヒロインに短編映画の撮影を提案するくだりには、ホン・サンス映画を見続けてきた者にとっては興味深い、もうひとつの要素が含まれている。映画監督が、撮影地の候補として江原道（カンウォンド）の襄陽（ヤンヤン）の名を具体的に挙げている点である。それまでのホン・サンス映画に精通し、同時に韓国の地理にも精通している人ならば、きっとこの後、映画は海辺の場面に移行するだろうと確信したに違いない。まず襄陽は、韓国の東海岸に面した場所に位置している。そしてホン・サンスは、前作「イントロダクション」の終盤場面に至るまで、海外ロケの「クレアのカメラ」等を含め、韓国の映画監督のなかでもとりわけ海辺のシーンの設定を好んできた作家だからだ（そしてその事実は、極度に海辺のシーンの設定を嫌うポン・ジュノと好対照をなす）。

しかし意外なことに、「あなたの顔の前に」の登場人物たちは、その後、海辺に向かうことはない。そして映画そのものも、一度も海辺を舞台とすることなく、終わる。短編を撮る話そのものが、少なくとも映画がとらえる時間枠のなかでは、実現に至らなかったためだ。

江原道・襄陽の名まで出しておきながら海辺の場面は出てこないという展開に、新時代ホン・サンスのより先鋭化した志向を読み取るのは、いささか深読みのしすぎだろうか。日常的であることを特徴としてきた彼の作品において、海辺のシーンは、例外的に非日常的とも言える場所だった。しかしストーリーそのものにドラマティックな牽引力を増した「あなたの顔の前に」では、もはやわざわざ海辺に出かけるまでもない。もっと日常的な、身近な場所での撮影のみで、映画は成立させられる。そうホン・サンスが考えはじめたとしても、不思議ではない気がする。身軽な撮影態勢による、身近な場所での撮影。実際、現時点での最新作である「WALK UP（原題）」に至っては、ありふれた街なかの1ヵ所の撮影地のみで全篇の場面を成立させるという試みまで、彼は行っている。

作中の映画監督が短編の撮影を提案する居酒屋のシーンは、撮影態勢や撮影場所の身軽さ、身近さへの追及ばかりでなく、画面に映し出される人の身軽さ、身近さへの追及も、同時に行われている。登場人物が居酒屋や食堂の類に入った際、そこに他のエキストラ的な客の姿はなくいつも閑散としている、というのはホン・サンス映画の〝日常〟としてよく知られてきた（これは、彼と同じく撮影前に脚本を完成してその通り撮り進めるというやり方を好まないチャン・リュル監督作品にも共通して認められる特徴である）。「あなたの顔の前に」の居酒屋も、その特徴を踏襲しているのは言うまでもない。しかしここでは、他の客がいないばかりでなく、店長も店員も出てこない、という点でその特徴はより徹底されている。客は、どうやら酒の用意も、飲み食いし終わってからの後片付けも、そして入口の施錠に至るまで、自分たちでやらないといけないようだ。本作では、その前にヒロインが妹と共に訪ねたトッポッキ屋でも、他に客はいないのに加えて、店長もあいにく不在という設定になっている（その後、路上で姉妹を追いかけてきはするが）。撮影チームだけでなく、俳優部も軽量化を極限まで追求した姿が、ここにある。同時にそれは、画面に登場する人物もまた、可能な限り身近な者のみで固めたいという志向の追求の結果でもあるだろう。その後の「WALK UP（原題）」では、小部屋にテーブルがひとつあるだけという、まるで家庭内のような設計のレストランが出てくるが、それはホン・サンスが見つけた理想の撮影環境だったに違いない。

カメラを自ら回し、徹底して身軽な撮影態勢と、身近な場所と、身近な人物のみで、一本の映画を成立させる。「イントロダクション」で試行され「あなたの顔の前に」で究極的に追及されたこの映画作りの哲学が、今後のホン・サンス作品をどのように形作っていくのか。これまでも、これからも、我々はホン・サンスが新作を作るごとにそれを見続けていくしかなさそうだ。

ホン・サンス

1961年生まれ。監督、脚本家。1996年に「豚が井戸に落ちた日」で長編監督デビューを果たす。第68回ロカルノ国際映画祭グランプリと主演男優賞を受賞した「正しい日 間違えた日」(15)、第67回ベルリン国際映画祭主演女優賞(銀熊賞)に輝いたキム・ミニ主演の「夜の浜辺でひとり」(17)、「逃げた女」(20)では第70回ベルリン国際映画祭で自身初となる銀熊賞(監督賞)に輝いた。2021年に、25作目「イントロダクション」で第71回同映画祭銀熊賞(脚本賞)を受賞。2022年に、最新作「小説家の映画(原題)」が、第72回ベルリン国際映画祭で銀熊賞(審査員大賞)を受賞し、3年連続4度目の銀熊賞受賞の快挙を果たした。

1996 豚が井戸に落ちた日 ＊映画祭のみ
1998 カンウォンドのチカラ
2000 オー!スジョン
2002 気まぐれな唇
2004 女は男の未来だ
2005 映画館の恋
2006 浜辺の女
2008 アバンチュールはパリで
2009 よく知りもしないくせに
2010 ハハハ
2010 教授とわたし、そして映画
2011 次の朝は他人
2012 3人のアンヌ
2013 ヘウォンの恋愛日記
2013 ソニはご機嫌ななめ
2014 自由が丘で
2015 正しい日 間違えた日
2016 あなた自身とあなたのこと(劇場未公開)
2017 夜の浜辺でひとり
2017 クレアのカメラ
2017 それから
2018 草の葉 ＊映画祭のみ
2018 川沿いのホテル ＊映画祭のみ
2020 逃げた女
2021 イントロダクション
2021 あなたの顔の前に
2022 小説家の映画(原題)(劇場未公開)
2022 WALK UP(原題)(劇場未公開)

ホン・サンスが撮った映画　論

ホン・サンス作品解説

豚が井戸に落ちた日

全てはここから始まったのである。
韓国映画界を〝以前〟〝以降〟に区切った分水嶺。

文——八幡 橙

1996年。全てはここから始まった。手元にある韓国盤DVDのパッケージにも謳われているように、これぞ〝ホン・サンス美学の出発点〟であり、また韓国映画界を〝ホン・サンス以前、ホン・サンス以後〟に区切った分水嶺とも言われるデビュー作。印象的な題名はアメリカの短篇小説から、内容自体の設定は韓国の小説を基にしており、ホン・サンスの他に脚色として4名が参加。その点は、その後の監督作とは異なる出発だった。

映画自体の手触りも、本作だけ少し、いやかなり異質だ。時折流れる、神経を逆なでする不穏極まりない音楽。どこに向かっているのか出口が見えない、終始薄暗いトンネルの中を手探りしているかのような心許ない空気。そんな中で、はっきり分断されることなく4人の男女の日常が、ゆるやかに、ひっそりと繋がってゆく。

一人は、35歳の三流小説家ヒョソプ。もう一人は平凡かつ潔癖なサラリーマンのトンウ。そして、場末の映画館で切符売りをする小説家志望の女性ミンジェに、ヒョソプと道ならぬ恋に陥る人妻のポギョン。ソウルの片隅に生きる彼らが抱える埋められない心の空洞が、それぞれの尻尾に噛みつき円を作る蛇のように、決して相容れることのない一方通行の連鎖として、緻密に映し出されている。その構成が実に細かく、かつ巧みだ。

監督：ホン・サンス
出演：キム・ウィソン／イ・ウンギョン
1996年製作／114分
原題：The Day a Pig Fell into the Well

ヒョソプの乗ったエレベーターに偶然、ポギョンの夫であるトンウが乗り合わせていたり、自分だけ呼ばれなかった作家の飲み会に強引に参加し、酔って大暴れしたヒョソプが連れて行かれる拘置所で、さりげなくミンジェに横恋慕する映画館の男、ミンスとすれ違ったり。

最終的に、その後のホン・サンスからは考えられないほど、物語は予測不能で衝撃的な結末へと向かうのだが、そこまでに積み上げられた一見どうでもよさそうなエピソードのひとつひとつが、後々思い返すにつけ、恐ろしいほど深い意味を帯びてくる。例えば、トンウとポギョンの夫婦には、詳細は語られないものの、かつて子供がいたらしいことが家族写真からわかる。それを知ると、駅の待合室でどこかの子供の声に無意識に振り向くポギョンの何気ない姿も、出張先で後輩夫婦の家に束の間お邪魔するトンウが、幼い子供をぎこちなくあやすシーンも、まったく違った景色に見えてくる。一回観ただけでは絶対に拾いきれない数々の伏線を、ホン・サンスはデビュー作の段階から、あちこちに忍ばせている。そのこと自体が改めて恐ろしい。ちなみに、ミンジェを追い回すミンスの名前は、8年後「女は男の未来だ」にも再び登場する。終盤、大学講師ムノとモーテルに行く女学生を追いかけてくる男子の名として。偶然だろうか？ いや、これも多分、ホン・サンス流の仕掛けのひとつに違いない。当然この頃はまだ名物である唐突なズームもわかりやすい反復も見受けられないが、それでも、その後に続く独自性や作家性は既に点在している。登場人物が頻繁に外で煙草を吸いながら会話をしたり、大人数で酒を飲み、気まずい空気に包まれたり、現実から微妙に浮いた奇っ怪な夢を見たり、小動物をじっと眺めてみたり。

小動物といえば、この映画を初めて観たとき、ヒョソプが植木鉢の中の黒い虫を、薄笑いを浮かべつつ弄んでいる場面が一番心に残った。いたずらのように指で道を塞ぐと、虫は所在なげにうろうろする。その様子を俯瞰で捉えた、とりたてて面白味も何もない一コマだ。

でも、これこそホン・サンスが30年近い映画人生で追い続けてきたものじゃないのかと、今回改めて思った。彼はいつも、今も、同じ場所を右往左往する人間をじっと見つめている。突き放しているわけでも冷笑しているわけでもなく、自分自身もそこにいることを重々知り尽くした上で。全ては、ここから始まったのである。

カンウォンドのチカラ

『反復』と『差異』に特徴付けられる映画話法。今作は現在へと至るスタート地点となった。

文――佐藤 結

今作のタイトルは原題の直訳で、漢字で書くと「江原道の力」。江原道とは、韓国北東部に位置する行政区域（〝道〟は日本の県にあたる）で、海と山に恵まれ、ソウルからもそれほど遠くないため、気軽に遊びに行ける行楽地として知られている。「カンウォンドのチカラ」は、大学生ジスクが友人二人と一緒に満員の夜行列車に乗って江原道へやってきたところから始まる。

日差しのまぶしい海辺に座って声を合わせて歌を歌ったり、偶然出会った警察官と酒を酌み交わしたりする彼女たちの姿は〝女子大生のバカンス〟らしく、屈託がない。しかし、よく目を凝らすと、ジスクだけがどこか憂い顔で他の二人とは少し距離を置いているように見える。その後、ソウルに戻ったジスクは、件の警察官と会うため再び江原道を訪れ、自暴自棄な言動を繰り返す。やがて、彼女の物語が終わり、大学講師サングォンを主人公とする後半が始まると、観客はホン・サンス作品特有の構造に驚かされることになる。

長距離バスに乗ってソウルへと戻るジスクの姿と入れ替わるように、市内バスの乗客として登場するサングォンは、常勤の職が決まらず、鬱々とした日々を送っている。自分よりも先に安定した職を得た後輩に誘われ、江原道への1泊旅行に出かける彼の姿を追うカメラは、サ

監督・脚本：ホン・サンス
出演：オ・ユノン／ペク・チョンハク
1998年製作／109分
原題：The Power of Kangwon Province

ングォンがジスクたちと同じ列車に乗っていることを伝える。さらに映画が進むにつれて、二人が少し前まで恋人同士であったこともわかってくる。しかし、江原道で二人が会うことはない。終わってしまった恋愛の余韻の中に生きる男女を描くにあたってホン・サンスは、カットバックのような方法を使うことをせず、二人をわざわざ同じ場所に呼び寄せた上で、それぞれの行動を見せることに専念する。まるで、同じ条件のもとに置いた実験対象がどんな変化を見せていくかを、離れた場所から観察するかのように。『反復』と『差異』に特徴付けられる映画話法が本格的に使われ始めた今作は現在に至る映画作家ホン・サンスのスタート地点となった。

今作では『二人と同じ地域を旅するひと組の男女』と『金魚』が、ふたつのパートを繋ぐカギとして登場する。ジスクの一行はこのカップルとすれ違い、数時間後、女性が山から転落したという噂を聞く。また、サングォンたちは一人でいた女性に声をかけるも約束をすっぽかされ、後に男性と一緒にいる彼女に向かって、そのことを問い詰める。悲劇的な結末が暗示されているこのカップルは、ジスクとサングォンが選ばなかったもうひとつの未来だったのかもしれない。また、ジスクが山道で見つけ、生きたまま埋めてしまった金魚と、サングォンが大学で飼おうとしていた金魚。まったく別の場所にいたはずのこれらの金魚が、同じものであるかもしれないと思えてしまうことには、どんな意味があるのか。「ままごとのような」結婚式まで挙げてみたという二人の恋愛の終わりには、うっすらと死の影が漂っている。

ひとときの休息（あるいは出会い？）を求める人々を惹きつける場所である江原道。「気まぐれな唇」の春川（チュンチョン）、「夜の浜辺でひとり」の江陵（カンヌン）と三陟（サムチョク）、「イントロダクション」の三陟と、ホン・サンスはその後何度も、江原道を舞台にした映画を作っている。「あなたの顔の前に」でも、かつて俳優をしていた主人公が彼女主演の映画を作りたいと語る監督と会った際に、「カンウォンドのチカラ」の浜辺のシーンにも登場した襄陽（ヤンヤン）の名前が撮影候補地として挙がっていた。ホン・サンス監督がどんな意味を込めて今作のタイトルをつけたかはわからないが、江原道はいつも変わらず『映画を撮る力』を彼に与え続けているようだ。

ホン・サンス作品解説

オー！スジョン

女は赤ちゃんから少女に、そして大人へ ホン・サンスの重要な『通過点』。

文――溝樽欣二

ホン・サンスの作品の中でまったく異質な映画になったという点において「オー！スジョン」は重要な1本だ。韓国のいい加減でクズな人たちを描くでもなく、ドロドロな恋愛でもなく、自分らしさ云々という話でもなく、全体的な映像のニュアンスも含め、ポエティックなファンタジーと捉えるのがいいと思う。野心的な⁉ 映画とは言えないし、当時イ・ウンジュ（20歳）もあまり有名ではなかったが、撮影現場を写したメイキング写真に結構な数のスタッフが写っていてちょっと驚いた。それなりに力を入れていたのだろう。

日本での最初のタイトルは「秘花～スジョンの愛～」だったし、ある種セックス描写が売りで、その中に芸術性のある映画みたいな打ち出し方だった。実際に観ればそんなシーンはたくさんあるわけではない。確かにイ・ウンジュは脱いではいるのだが、可愛い程度だ。エロティシズムや性の描写に挑戦しようとしたということは感じられる。しかし、全体的には、人間の多面性を描くために時間軸を変えて同じことをふたつの視点で見せるという点がメインだ。それ自体は野心的でありつつも、前作「カンウォンドのチカラ」と比べると意外性はない。ではは、この映画では何が違ったのか。やはりモノクロ映像のポエティックなイメージなのだろうと思う。

監督・脚本：ホン・サンス
出演：イ・ウンジュ／チョン・ボソク／ムン・ソングン
2000年製作／126分
原題：Oh! Soo-jung

ストーリーとしては、イノセントで、男をよく知らないヒロインが家族がいる監督に恋をしていて、でももう一人のアタックしてくる人に惹かれてしまうという、すごくシンプルで可愛いものだ。一番象徴的なのはイ・ウンジュの乗ったロープウェイが中ぶらりんになるところ。監督がその子供といるシーンを回想するヒロインに対して、ロープウェイの中で赤ちゃんがいて泣いたり、降りると学生の女の子たちが写真撮ってくださいって言ってきたりと、否応なく『子供』のイメージがやってくる。家族のある人を好きになってしまって、それはいけないことなのかどうなのか、と「揺れ動いている」ところから、やがて大人になっていくというすごく分かりやすい描写なのだと思う。赤ちゃんから幼い子になり、少女になり、最後は女になる。ホン・サンスには珍しく、奇麗なものを出して、その閃きみたいなものを描いている。

終盤、イ・ウンジュの横顔アップ、そして女神のような微笑で終わるのだが、これもホン・サンスには珍しい。ここは彼女の心情をとても明快に描いている。他の作品に比べればカット割りも多い。やっぱり意識して分かりやすい映画を狙ったのか。男のいうことを聞いてあげる母親的な女、それはファンタジーであって、愛というより、母性的な表現だ。心理の掘り下げも何か中途半端。ラストもちょっと拍子抜けなハッピーエンドで、後年のキム・ミニとは真逆と言える。キム・ミニは独りで決意して去っていくのだから。

映像のスタイルは無難で、説明するためにそのシーンがあるとしか言えない。また、男からの視線が決定的に弱い。チョン・ボソクはプラスアルファを演じることができなかった。それが女性視線とほぼ同じボリュームで描かれているから、どうしてもイ・ウンジュのシーンが際立ってしまう。

確かにこのストーリーはカラーではないだろうと思う。この後にもモノクロを時々撮るが、質感はこの作品が一番素晴らしい。韓国は冬の空気感をモノクロで撮るのが適しているのかもしれない。それには充分成功している。イ・ウンジュのファンタジーとして観ればいいし、まるで冬のパリと思わせるリリカルなホン・サンスが楽しめるのではないか。ホン・サンスがどういう作家であるかを語るときに、転換点ではないが通過点として重要な作品であると思う。

ホン・サンス作品解説

女は男の未来だ

『誰か焼き印を押してくれ！』そっと潜ませたこの映画の深い意義。

文——八幡 橙

ホン・サンス、酒！——と、キム・テウは言った。「女は男の未来だ」が日本で公開された2005年秋。彼の2002年の主演作「バス、停留場」も同じ頃、コリアン・シネマウィークにて上映されることとなり、初来日を果たした彼に取材した際、放たれた一言だ。ファンどころかマニアだったと自称する監督、ホン・サンスから直々に電話で出演依頼を受けた日は、本当に嬉しかったと満面の笑顔で語った。ホン・サンスが酒好きだというエピソードには何ら驚きを感じなかったが、続いて話してくれたことは今も忘れられない。曰く、『ホン・サンス監督は当日の朝、俳優に脚本を渡して〝適当にやってみて〟と言うイメージが強いようだけど、実際は違う。2、3ヵ月前からみっちり、毎日のように役者と作品について語り合うんです』。あらゆるセリフも行われる動作も起きる出来事も、すべて綿密に考え抜かれていて、事前に俳優へと共有し、その上で当日の朝、最終的なセリフを固めているのだ、と。いかにも場当たり的に緩く、出口の見えない迷路をうろつく人間を描き続けているようで、ホン・サンスはいつも自分の内に潜む何かを真剣に映画へ投影しているのだと、そこで知った。

とはいえ、初めて「女は男の未来だ」を観たとき、何を描きたいのか正直わからなかった。「気まぐれな唇」同

監督・脚本：ホン・サンス
出演：ユ・ジテ／キム・テウ
2004年製作／88分
原題：La Femme est L'avenir de L'homme

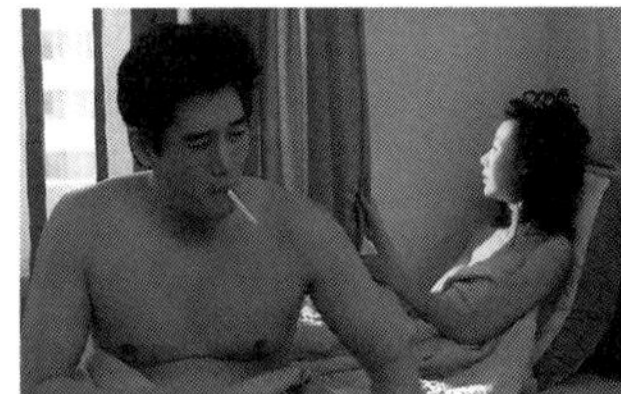

様、二人の男と一人の女の物語でもあり、酒を飲み、セックスをし、同じことを淡々と繰り返す映画ではあるけれど、不快ぎりぎりの生々しさが気安い共感を拒絶しているかのようでより掴みづらい印象があった。実際、監督も語っている。『この映画はメッセージを容易に受け取ってほしくなかった』と。芯を突く何かを込めたからこそ敢えて、そこを隠す努力を尽くしたのかもしれない。

時を経て観直すと、確かに微細な目配りがあちこちに見て取れる。かつて同じ女を好きになり、彼女と関係を持った二人の男の再会の物語だが、彼らが回想する女の造形がまず、同一人物であるとは思えないほどズレている。片や純粋かつ従順で無個性。そして片や奔放かつ気丈で個性的。そして男二人のキャラの違いも、実に細かく設定されている。キム・テウ演じる先輩で映画監督のホンジュンは、アメリカ留学に旅立つ際、父親から「チャレンジ精神と責任感を忘れるなよ」と言われ、笑顔で「はい」と答えるような、育ちのいいまっすぐな人間だ。一方、ユ・ジテ演じる大学の美術講師ムノは、大きい体を持て余すように自信がなく、それでも観察眼だけには長けていて、女の脚のムダ毛に気づいたり、再会した彼女の前歯が欠けていることを指摘したりもする。見たくないものもつい見てしまうムノと、見たくないものからはとことん逃げるホンジュン。そして、この映画の真髄は、その後の作品にも綿々と受け継がれていて、「アバンチュールはパリで」や、やはりキム・テウ主演の「よく知りもしないくせに」で何度も登場する男同士の不毛な腕相撲が、ここでは目に見えぬ会話という形で延々繰り返されていたり、そもそもキム・テウの二作における役柄（どちらも留学帰りの映画監督）自体に、別人ではあるものの不思議な共通項も垣間見える。例えば5年後に「よく知りもしないくせに」のギョンナムが口にする「人間性と獣性の間を行ったり来たりするのはもう辞めたいんだ！」という叫びは、本作でホンジュンが酔って叫ぶ「誰か（煙草で）焼き印を押してくれ！」という言葉にゆるりと、だがしっかりと繋がっているように。

ラスト、ユ・ジテ演じるムノは、成り行きで一緒に旅館に入ったものの中途半端に別れることになる女学生を見送った後、雪の中ぽつりと一人残される。図体の大きい男の、その背中の憐れな小ささに、ホン・サンスがそっと潜ませたこの映画の深い意義が見えた、気がした。

ホン・サンス作品解説

アバンチュールはパリで

『逃げた男』の、さらには『逃げれども逃げきれない男』の物語。

文――八幡 橙

キム・ミニ主演の2020年の映画「逃げた女」より12年も先んじて作られた、これは、「逃げた男」の物語。

画家である主人公ソンナムは、大麻を吸ってしまった罪から逃れるべく一人、妻をソウルに置いたままパリへとやって来る。映画は、2007年8月8月から10月12日までの約2ヵ月に及ぶパリでの日々を小刻みに映し出してゆく。ホン・サンスにしては珍しい、2時間24分もの長尺の内に語られるのは、ただひたすらソンナムという男のクズっぷり。一見無骨でガタイもいいキム・ヨンホが見事に演じるソンナムは、妻を置いて遠き異国に逃亡中とは到底思えないほど能天気にして、単純。2ヵ月にわたったパリ滞在中も、ほとんど若い女のことしか考えていない。ちょっとおだてられればやに下がり、何かあれば簡単に凹み、気に入った女の子の部屋をワイン片手に日参する。画家とはいうものの、パリにいてもほとんどまったく絵を描くこともなく、毎日どこかの店の買い物袋を片手に、あてどなくパリをさすらうのみ。

夢の中では、知り合ったばかりのちょっと生意気な年下の女性ユジョンの足を舐め、時差を乗り越え毎晩1時に電話している妻には寂しいと泣きつくばかりか、受話器越しに性的なお願いをしてみたりもする。そうして、パリの中の小さな韓国人コミュニティに参加しつつ、街

監督・脚本：ホン・サンス
出演：キム・ヨンホ／パク・ウネ
2008年製作／144分
原題：Night and Day

をうろうろ徘徊し、昔の恋人に再会したり若い娘に言い寄ったりして、ほぼ無為に時を過ごしてゆく。

とはいえ、ただ長いだけの無意味な映画かと言われれば、決してそうではない。かねてより『韓国のゴダール』と並び『ロメールの弟子』とも称されてきたホン・サンスが、パリを舞台に日記形式で描き出す本作は、随所にエリック・ロメールの「緑の光線」を彷彿とさせる、ひと夏の魂の彷徨を見つめた映画だ。同時に、『罪とは何か』を問いかける哲学的な深みさえ湛えている。

今回、改めて見返して実感したが、ホン・サンスの映画は、ひとつの作品内で繰り返される同じ場面やセリフの反復のみならず、個々の作品が全て呼応しているかのように、フィルモグラフィーそのものにいくつもの複雑に入り組んだ反復が見え隠れする。例えば、本作でソンナムを演じたキム・ヨンホは、2020年「イントロダクション」で主人公ヨンホの父を演じているが、そこで彼は冒頭、神に深い懺悔を捧げるのだ。その場面は、2008年製作の本作のソンナムの罪の意識を思い起こさせる。大麻を一度吸ったという罪だけでなく、彼はパリで10年ぶりに再会する昔の恋人から、過去に6回中絶していたと告げられる。さらに、今はフランス人の夫を持つ彼女が改めて訪ねて来た際、ホテルまでは一緒に行くものの、聖書の言葉を盾にして、彼女を拒むのだ。そのことが、さらなる深い、取り返しのつかない罪を生む。だが、彼はその日泣いて悔やむだけで、すぐにパリで出会った若いユジョンと小旅行に出て、結果、危険日だと何度も言う彼女と避妊具もなく性交してしまう。そして、そのわずか数日後、彼はソウルに帰るのだ。自分が旅立つ直前に身籠っていたという妻の言葉を信じて。

この映画のもっとも驚くべき点は、最後に彼が見る白日夢の中にこそある。原題の「夜と昼」が示すように、これまで夜に、酒に、逃げ込んできただろう男が、昼が延々終わらぬ夏のパリで行き場もなくただ彷徨うだけの姿を捉えた本作は、実はかつてないほど切実な、ひりひりする、『逃げた男』の、さらには『逃げれども逃げきれない男』の物語であることを匂わせて、そこで終わる。彼は何からそんなに逃げたかったのか。過去の罪からか。妻とまだ見ぬ子が提示する安定という名の不自由からか。あるいは、何者かになりたいと願いながら、どこへ行っても叶えられない自分自身から、なのかもしれない。

ホン・サンス作品解説

よく知りもしないくせに

『人の心を理解するのは難しいわね』
かくも人生は難しい。

文――八幡 橙

この映画を初めて観たのは、2009年10月9日。第14回釜山国際映画祭、開幕二日目の午後だった。上映後、ゲストで招かれていたホン・サンス監督に対する質疑応答が行われ、韓国の若い映画ファンからいくつかの問いが投げかけられた。本作でキム・テウが演じた、忠清北道の堤川（チェチョン）国際映画祭に招かれた映画監督ギョンナム同様、ホン・サンス映画でよく見る光景であるところの、映画を志す学生たちによる容赦ない質問が監督に向けられる。まさに映画を地で行くシュールな状況に。そこでホン・サンスは、直球の質問を案の定のらりくらりとかわしながら、『まぁ、そこは皆さんの考えるとおりで』的な緩い回答を、マイクを通してすら聞き取れないぐらいのか細い声で返していた記憶がある。「食えない人だ」と思った。たった今観たばかりの映画と同じく、わかったようで、よくわからない。にやにやと浮かべる笑みがこう語っていた。どうとでも解釈してくださいよ。どの道、よく知りもしないのだから……。

「アバンチュールはパリで」の翌年に韓国ののどかな田舎町で撮影された本作は、この時期の一連の『夏』を切り取ったホン・サンス映画の中でも個人的にとりわけ好きな一本だ。いつも通り、酒と女にすぐ溺れる、他力本願でふらふらふらふらしている男を捉えながら、ここで

監督・脚本：ホン・サンス
出演：キム・テウ／コ・ヒョンジョン
2009年製作／126分
原題：Like You Know It All

はダメはダメでも、徹頭徹尾受け身なダメ男が描かれているからかもしれない。芸術的映画を撮る（つまりヒット作はない）ギョンナムは、審査員として堤川へとやってくる。そこで、オム・ジウォン演じる映画祭コーディネーターや、かつて共に事業に乗り出しかけた旧友と彼が『天使』と呼ぶ愛妻、さらに映画評論家、敬愛する女優、そして後輩でありながら自分よりずっと有名な人気監督らと顔を合わせ、酒を酌み交わす。堤川と済州島を舞台にした、ただそれだけの話なのだが、本作にはギョンナムの『このままではいけない』という漠然とした焦りと、それでもどうにも脱しきれない現状へのもやもやが、いつになくくっきりと、純粋に、むき出しの状態で描かれていて、そこがなんとも好ましい。

映画を貫くひとつのキーワードは、『生涯の伴侶』だ。恋人はいるものの40を手前にして未だ独身のギョンナムは、結婚して全てが上手く行っていると語る旧友から、『人生には本当の伴侶が必要だ』と強く諭される。さらに、その後済州島で久しぶりに再会することになった恩師であり高名な画家であるヤン先輩からも、同じようなことを言われるのだ。しかも、その先輩の妻は、大学時代にギョンナムのプロポーズを断った、忘れられない人だった。「アバンチュールはパリで」に引き続き、唐突に繰り広げられる『腕相撲』など、男と男のその場限りの力比べを経て、結局、２００８年夏の二回の旅は、ギョンナムに強烈な敗北感を植え付け、あらゆる人から罵倒され、全てを自分のせいにされるばかりの道行きとなる。

最初は絶縁を告げてきた旧友に自分から、二度目は元恋人で再び刹那的な関係を結んだ女性から自分に向けて放たれる『よく知りもしないくせに』という言葉。人間性と獣性の間で喘ぎながら、『生涯の伴侶』というキーワードに心揺れ始めた男を取り巻く、含蓄深い一言だ。自分が、あるいは別の誰かが一体何者なのか。それを知りたいと本気で願っても、人は簡単にその境地には至れないという、諦めにも似たホン・サンスの空ろな嘆きが聞こえてくるようだ。もちろん伴侶の有無など関係なく。コ・ヒョンジョン演じる元カノは最後に言った。『人の心を理解するのは難しいわね』。皮肉にもそれは、映画評論家がギョンナムに言った最上の誉め言葉と呼応する。

『監督の映画は、人の心理を理解する基準です』。かくも人生は難しい。どんなに知ったような顔をしても。

ホン・サンス作品解説

ハハハ

『今日は楽しいことだけを話そう』ホン・サンスの人生観が色濃く出た、『泣く映画』。

文——溝樽欣二

「ハハハ」は一番フェイバリットな作品だ。なぜならこれは二人の男の目線で描かれているだからだと思う。初期の頃の作品はどちらかというとエリートだったり、クールで女性に対して残酷であったりという人が多かった。この主人公たちは、それぞれ傷や挫折を抱えていて、観る側が感情移入しやすいキャラクターになっている。

冒頭に二人の男のモノクロ写真のモンタージュがあり、『今日は楽しいことだけを話そう』と言う。で、乾杯。その繰り返しで、いろんなエピソードが入っていくというシンプルな構成だ。なぜ、二人は『楽しいことだけ』を話さなければならないのか、ここが肝でもある。ホン・サンスの映画では、時系列がバラバラだったり、途中になぜここに入るのかわからないシーンがあったりすることも多いのだが、「ハハハ」に関してはそういうことはあまりないので安心だ。

主人公を演じたキム・サンギョンの演技が絶妙だ。映画監督で教授というホン・サンスの映画では定形のキャラクターを、人間味のある感じでユーモラスに演じているので観ていて楽しい。

ヒロインであるムン・ソリのキャラクターは少々奇抜だ。劇中でキム・ガンウをおんぶしようとするシーンがあるのだが、これなどほぼ意味不明である。これ以外にも、

監督・脚本：ホン・サンス
出演：キム・サンギョン／ムン・ソリ
2010年製作／116分
原題：Hahaha

観光ガイドなのに客と口論になり現場を放棄したり。特に素晴らしいのはキム・サンギョンとホテルに行く前に『私お酒飲むとやらないの』と言いながら結局、部屋に入ってしまう（笑）というシーンだ。そういうエピソードを積み重ねながら、人となりを表現している。ムン・ソリの演技は不思議な感じで、ひょっとしたらこんな人がいるかもしれないというリアリティもある。最後も結婚するのかなと思ったらしないという、捻りがあって飽きさせないキャラクターになっている。

ユン・ヨジョンも最高だった。息子に着ている服を咎められたら逆ギレして息子の足を叩くようなキム・サンギョンの母親役だった。なぜあそこまで激昂するのか不思議だったので、韓国の人に聞いてみた。はっきりはわからないが子供が親に対して性的なことを感じさせるようなことを言ったことがまずいようだ。

あのシーンではキム・サンギョンが泣く。そして、強烈に泣くシーンはもう1ヵ所ある。ユ・ジュンサンはおじさんのところに行って酔っぱらって本当に身勝手なことを言いながら泣きじゃくる。人間は酒を飲まないと言いたいことも言えないし、彼の場合はそれをしないでずっと溜めているから、うつ病になっている。『楽しいことだけ』と言ったにもかかわらず、ただ泣いて自分の感情を吐露することによって解放されてスッキリしてしまうという、結局それが自分にとっては『楽しいこと』だということなのだ。『楽しい』というのは単純に楽しいということと、自分にとっての良きことというふたつの意味があるということであろう。

この映画はホン・サンスの人生観が色濃く出ていたような気がする。映画の宣伝を見るとラブストーリーということになっているのだが、そうではない気がする。それよりも二人の男の人間性の話で、不器用だけれど自分に正直で、ちゃんといろんな人のことも思ってはいるのだが、欠点の多い人間に対する視線が主だろう。

途中で、主人公が『李氏朝鮮の将軍イ・スンシン』に出会うシーンがある。おそらく夢の中なのだが、そのイ・スンシンが『人の長所だけ、良いところだけを見るのだ』という。いろいろ挫折し、大学教授も解雇された主人公はそれに勇気づけられる。ホン・サンスにしては珍しく前向きな人生観を描いている。割と本気で言っているのではないかと思う。

ホン・サンス作品解説

教授とわたし、そして映画

4つのエピソードを斬新な手法で予想を超える、作家映画の極致。

文――溝樽欣二

この映画の最初と各エピソードの終わりに「威風堂々」というクラシックの名曲がかかる。そんなシーンを観て、ある映画を思い出した。まったく種類の違う映画なのだが、黒澤明の名作「野良犬」(1949)の刑事と犯人が泥沼の中で戦うシーン。どこからか女の子が弾いているピアノの美しい音色が聞こえてくる。社会にはいろんなものが交錯しているということでもあり、また、犯人と刑事の憎悪がより強くリアルに感じられた。この手法はその後いろんな形で活用されている。ホン・サンスが「威風堂々」を使った意図はわからないが、曲調とは真逆の惨めさ、貧しさ、愚かさとか、そういったものがより際立つ。

エピソード1【呪文を唱える日】の最後はイ・ソンギュンが教授に対して酔っ払って、執拗に絡む。その後、上映会のQ&Aで客の若い女性にプライベートを突っ込まれるそのシーンは爆笑ものだ。教授に言った同じことが自分に振り掛かってくる。その後、うなだれて道を歩いているところで音楽が流れる。威風堂々でも何でもなく、とことん叩きのめされたところに、効果的に配置されている。エピソード2【キング・オブ・キス】では、同じように映画監督を目指す女子大生オッキ(チョン・ユミ)とベッドインして街角を通り過ぎていくところ。

監督・脚本:ホン・サンス
出演:イ・ソンギュン/チョン・ユミ
2010年製作/80分
原題:Oki's Movie

そこに映るのはファーストシーンとまったく同じ場所、ここで観客は戸惑うのだ。ここは果たしてどこなのか？二人は誰なのか？　3つ目【大雪の後に】は教授がタコを食べて、ゲロ吐いてそのタコが動いているところにまったく似つかわしくない「威風堂々」がかかる。そして4つ目【オッキの映画】のラストシーン。チョン・ユミが歩きながら、ふと歪んだ顔を見せる。通り過ぎたところでこの音楽。ふたりの男の間を浮遊する【オッキの映画】のちょっと苦い余韻を残す結末である。

この映画は人を惑わすような複雑な構成にすることによって、ホン・サンスの映画手法をまた新しい形で提出した。ホン・サンスの映画の中には映画監督や映画を目指している人が必ず出てくるのだが、そのまま自分自身を投影しているのかはよく分からない。今回は【オッキの映画】ということで、最後に二人の男の絵を並べてひとつの映画にした。そのふたりの男がどんな男なのかということがエピソード1、2、3に描かれている。日本ではタイトルが「教授とわたし、そして映画」になっているが、原題は「オッキの映画」である。主人公が誰なのかということは非常に大切な問題で、最初はイ・ソンギュンに見えてしまうが、実はオッキだったという、エピソード1、2、3はまさに「オッキの映画」の前段であることが分かって、ちょっと驚きだ。

全体のコンセプトがはっきりしていて、エピソード4つをどう組み立ててラストにどうもっていくか。そうした手法として音楽を効果的に使用している。

いろんな形での討論シーンがあり、特にエピソード3で教授と3人で、愛とは？　いい恋愛とは？　と話すシーンが結構長い。こうしたことをホン・サンスのスタイルとして定着させようとしたところがある。話していることは映画のテーマに大きく関わらないのだが、設定やそれぞれのキャラクターを表現するためにその手法をとっている。全部ワンシーンワンカットで、行ったり来たりするカメラもうまい。ズームだけじゃない、また違うホン・サンスを見ることができる。

この映画は簡単に言えば、映画と愛に関する洞察とも言える。インディペンデント映画にありがちな、me too的な要素も露悪的ではなく取り上げ、多少の自己批判的なことも見える。同じ時期に撮影された作品の中でももっとも野心的な作品になっているのではないか。

ホン・サンス作品解説

ヘウォンの恋愛日記

これは不倫という名の、ひとときの夢の物語。
そして、夢も酒も、いずれ醒めるものだ――。

文――八幡 橙

2012年の3月12日、3月27日、そして4月3日。まだ肌寒い春の初め、ソウルを舞台に大学生ヘウォンが日記にしたためた、どうにも煮え切らない、どこか奇妙な三日間の記録。妙にロマンチックな邦題に反して、原題は「誰の娘でもないヘウォン」。そう、これはあくまで主人公ヘウォンが、〝自分は誰のものでもない〟と自身に告げるまでの日々を綴った、ある意味『自立の』物語だ。そして同時に、ひとときの『夢の』物語でもある。

芸術家（映画監督、小説家、あるいは画家など）の男性と年下の女性の不倫は、本作以前も、そして以降も繰り返し描かれてきた、まさにホン・サンスの王道的モチーフ。でも、ここでは主体が女性に移っている分、本来の主役であるダメ男に向けるまなざしに独特の距離感と哀れみ、そして程よく乾いたユーモアが宿っている。

主人公のヘウォンは、兄と暮らすためカナダに旅立つ母を見送り、寂しくて仕方がない。そこで、1年ほど前から関係が続く映画監督にして大学教授でもあるソンジュンを呼び出す。家庭のある男とこれ以上つき合っていても仕方ないと思いつつ、会えば甘い言葉を囁かれ、なかなかきっぱりとは別れられない。ソンジュンの方も、人目を激しく気にしながらも未練たっぷりだ。そんな二人のぐずぐずした関係を、道端の燻ったままの煙草がわ

監督・脚本：ホン・サンス
出演：チョン・ウンチェ／イ・ソンギュン
2013年製作／90分
原題：Nobody's Daughter Haewon

かりやすく象徴する。ヘウォンはそれを何度も、思い切り足で揉み消す。どこか憎々しげとも言える勢いで。

偶然会った大学の同級生たちとの酒の席で『ヘウォンのどこが好きですか』と直球で訊ねられたり、店のおばさんから『去年も二人で来ましたよね』と間の悪い質問を受けたりする度、ソンジュンは目に見えてうろたえる。このソンジュンという大人の男は、つくづく、とことん、小さい男だ。そんな彼を見て呆れたり、憐れんだり、可愛いと愛でたり、それでもやっぱり好きだと思ったりするヘウォンの落ち着かない心が、現実と夢が綯交ぜになった時空をふわふわと、どこまでも彷徨い続けてゆく。

主人公が見る奇妙な夢は、ホン・サンスが繰り返し映画に盛り込むひとつの記号だ。とはいえ本作における夢は、他の作品以上に主人公の潜在意識を如実に物語っているようで、個人的には興味深かった。ホン・サンスは恐らく意図的にうたた寝するヘウォンの姿を挟んで、はっきり夢とわからせる部分と、一方で恐らく現実だろうと思わせる部分を巧みに掻き混ぜ、共存させてゆく。夢と思しきところには、有名人との街角での遭遇（冒頭のジェーン・バーキン！）や、道でおもむろにスコセッシに電話したり念力でタクシーを呼んだりするアメリカの大学教授の登場など、日常から明らかに浮き上がったエピソードを盛り込み、くすりと笑わせる。その塩梅がなんとも絶妙だ。ヘウォンが二度ほど訪れる南漢山城で出くわす名もなき人物を演じる、ホン・サンス映画を彩る脇役として欠かせないキ・ジュボンの存在もまた、どこか異空間を思わせて、やけに心に引っかかった。

もっとも忘れられないシーンは、その南漢山城の石の階段にヘウォンとソンジュンが並んで座り、カセットテープから音楽を流して語り合う場面だ。熱く長いキスを交わした後、ソンジュンが言う。『俺たち、うまくやろう。いつまでもずっと一緒にいよう』。思いが高まり、同意するヘウォンにさらに言う。『絶対バレないように。バレても違うと言い張ろう』。ここで一瞬我に返ったかのようにヘウォンは答える。『この世に秘密なんてない。結局全てわかってしまうのよ』と。『夢の』映画である本作を何より象徴する、素晴らしいこの1シーン。

これは不倫という名の、ひとときの夢の物語。そして、図書館で目覚めるヘウォン同様、最後の最後に私たちは気づくのだ。夢も酒も、いずれ醒めるものだと――。

ホン・サンス作品解説

ソニはご機嫌ななめ

20分ワンシーンワンカット
進化し続ける作家の新境地。

文――溝樽欣二

ファーストシーンがいい。「教授とわたし、そして映画」（2010年）のラストシーンでは、チョン・ユミが前から向かってきて右に折れて画面から消えるが、3年後のチョン・ユミは冒頭、前から歩いて左に折れていく。さぁ、映画が始まる、と。今回は冬ではなく、秋で黄色の光線が眩い感じもあり、タイトルバックも黄色で今回はちょっと楽しい感じなのかなと思わせる。

一人の女性を巡る三人の男たちの話でわかりやすい。このヒロイン、ビジュアルは可愛いのだがいつも不安を抱えていて自分でもどうしていいのかわからない。そういうところに三人は翻弄される。ソニは打算的なところもあるが、それを可愛いと思ってしまうのが男たちの情けなさでもある。こんなパターンをホン・サンスはずっと描いていたのだが、キム・ミニと出会って、もっと自分の意志を持った現代的な女性像を描くようになった。この後、チョン・ユミは使わなくなってしまったので、この作品はピリオド的なものだと思う。

そして、この作品で撮り方がだいぶ変わってきた。ある人物がいて、そこに誰かがやってきてまた去っていくということを繰り返す。カフェとか、飲み屋とか、公園とか、場所自体は変わるが、基本的には会話をしたり、去っていったりといったことを据えっぱなしのカメラで

監督・脚本：ホン・サンス
出演：チョン・ユミ／イ・ソンギュン
2013年製作／88分
原題：Our Sunhi

追うといった具合で演劇的だ。それだけだと単調になりがちなところをこの映画では、例えば二階に先輩がいて下から呼ぶとか、チョン・ユミがイ・ソンギュンを上から呼び止めるとかといった縦の動きをちゃんと意識して映像が構築されている。俯瞰を入れることで街の雰囲気を立体的にしていることには感心した。

さすがだなと思ったのは、チョン・ユミがチキン屋でビールだけを注文すると、ウェイトレスがチキンも買ってもらわないと困るというところ。このウェイトレスはチョン・ユミの本性を一瞬で見抜いて、それが気に入らないから意地悪をしようというふうにしか見えない。それを映像だけで見せてしまうホン・サンスはやっぱりすごい。

一番好きなシーンは途中27分くらいから始まるアリランという居酒屋のシーンで、ここから延々20分近くワンカットなのだ。イ・ソンギュンとチョン・ジェヨンがずっとしゃべって酒を飲んだりしているのだが、チョン・ジェヨンはほとんど横顔しか見えない。イ・ソンギュンは酔っ払っているのでいろいろ動くが、それとは対照的だ。酔って突っかかってくるイ・ソンギュンを適当にあしらっている感じが自然で、目線や顔の動きだけで心理を表現しているのはこれまたすごい。この場面は本当に一見の価値がある。

そこで流れるのが「故郷」という歌で、歌っているのはアリランの女主人。この曲は映画の中に何回か出てくるのだが、この歌自体には特に大きな意味は持たせていない。ピリオドみたいな感じでリズムを作る役割だろう。しかし、良い詩なのでここで紹介しよう。

思い出の故郷の道で
二人で遊んだあの昔よ
静かな月明かりに濡れて
熱くささやいた夜
あなたはどこへ行ったのか
はかない私の夢だったのか
思い出の故郷の道には
冷たい雨が降るばかり
懐かしい故郷の道で
純情で幼いあなたと私は
いつも手を取り合って
誓ったのに
あなたはどこへ行ったのか

忘れられない
思い出だけを残して
懐かしい故郷の道で
雲だけが流れて行き
故郷の道で楽しく遊んだ
昔あの人を探して
穏やかなあの風の中に
その名を呼んでみたが
あなたはどこへ行ったのか
せつない未練だけを残して
懐かしい故郷の道で
星明かりだけが私を呼ぶ

ホン・サンス作品解説

自由が丘で

時間の概念から解き放たれた自由の丘で気ままにふわふわ幸せ探し。

文——小竹亜紀

作家としてのホン・サンスの文体を表す言葉としてよく耳にするのが、〝反復〟と〝差異〟。似たようなキャラクターやシチュエーションを描き続けることで生じる違い。それを発見し気になると、新たな世界が開けたようなざわざわした気持ちに包まれる。シンプルなのに底が知れない。鑑賞する度に新たな気付きがあるのが、ホン・サンスの魅力だと思う。

監督が描く物語の大体は、人肌恋しい芸術肌の男女が出会って酒を酌み交わし、恋に落ちたり落ちなかったりするもの。狭い世界で右往左往する対象物をエモーショナルな要素を一切排除し、冷静な観察者としての視点で、人間の持つ面白味を追及し続けている。

お決まりのキャラクターと日常を描きながら、時系列を入れ替えて再構築したら？ そんな遊び心ある手法を試したのが、第71回ヴェネチア国際映画祭で賞賛された加瀬亮主演の「自由が丘で」である。

日本人の青年・モリ（加瀬亮）は、未練を残す元恋人のクォン（ソ・ヨンファ）に会うため、ソウルを訪れる。しかしクォンは不在で行方知れず。モリは彼女を待ちながら一文無しのサンウォン（キム・ウィソン）と酒の席を楽しんだり、カフェの店主ヨンソン（ムン・ソリ）と酔った勢いで関係を結んだり。街を自由に、時に夢心地で彷

監督・脚本：ホン・サンス
出演：加瀬亮／ムン・ソリ
2014年製作／67分
原題：Hill of Freedom

徨う。そんな日々をモリは手紙に綴ってクォンに残す。2週間後、クォンはそれを受け取るが、誤って落としてしまった。書かれた順番がバラバラになっただけでなく、1枚拾い忘れてしまう。

クォンが手紙を読み始めると、モリの経験がフラッシュバックされ、物語は進んでいく。手紙は順不同で1ピース欠けたため、モリのソウル滞在記はちぐはぐなものに。たとえば、迷子になったヨンソンの犬クミを見つけたことで二人は食事に出かけ、距離を縮めるが、モリが犬を見つけるシーンはその後に登場する。時系列をバラバラにしたことで、時間は流れるとの概念があやふやになり、心地よい浮遊感に包まれる。しかもモリはよく寝る。事実なのか、モリの夢——クミは韓国語で夢の意から。犬を巡る話は果たして——なのか。輪郭が曖昧となり、モリのように翻弄される。物語を読み解こうとするとセリフ頼りになり、何気ない日常会話が気になり出す。例えば、宿の女主人（ユン・ヨジョン）とモリが交わす幸福論について。ホン・サンスの価値観に触れられる一方で、母国語でないこともあり、言葉だけで相手を理解することが全てではないと気付かされる。

モリが常に持ち歩いているのは、批評家・吉田健一の哲学的な時間論「時間」（講談社文芸文庫刊）。この本は加瀬の私物で、監督から本を持ってくるよう頼まれた中の1冊だとか。本書の裏表紙に綴られた言葉を引用すると、『人生の中で時間が流れていく、ということの意味を考え現代文明の偏見を脱して捉われの無い自由な身分になる』と謳う。偶然の産物であるが、物語を紐解くヒントとなり、セリフ以上にものをいう小道具としての必然性を感じる。運命的といえば、ホン・サンスと加瀬の出会いもそう。「3人のアンヌ」（12）の日本公開に合わせて監督が来日したとき、雑誌の対談相手として出会い、意気投合したのがきっかけだとか。頬を赤らめながら監督の作品の感想を話す加瀬を、『こんなにきれいなんだ』と感じたそう。公私のパートナー、キム・ミニよろしく、インスピレーションが湧いたに違いない。監督が面白がっただろう世界で、チャーミングに映し出されている。

時間の概念から解放された先に見えるものとは？　観る度に新たな世界が開くホン・サンス作品。一度ぐらい韓国焼酎片手に鑑賞したら、監督が覗き込んだ世界へ少しだけ近づけるのかもしれない。

正しい日 間違えた日

『何やってるんですか?』『バナナ牛乳飲んでます。あなたは何やってるんですか?』『座っています』。

文――溝樽欣二

今回はまずチョン・ジェヨンという主演俳優のことから始めたいと思う。

最後まで映画を仕切っていると言ってもいい、ほとんどワンマン映画に近いイメージだ。もともとはちょっと強面のイメージがある俳優だったが、この映画では、ホン・サンス映画のお決まりの監督役をさらにユニークなキャラクターとして演じた。この人が画面に現われただけでキャラクターが一眼でわかるような、そう、日本で言うと三國連太郎や杉村春子レベルだと思う。この映画は5分とか10分くらいの長回しロングシーンで全部作られていて、これは役者の演技を重視した作り方だが、それに耐えられる、真の俳優がチョン・ジェヨンだと思う。

そして、この作品からホン・サンスは〝移動〟をしなくなった。半径数百メートルぐらい(言い過ぎか⁉)でほとんど物語は完結している。映画の空間＝その街の空気感というか、『水原』という地方都市がとても美しく撮れていた。ホン・サンスでいつも感心するのが色彩の美しさで、初めはオレンジの光が印象的に使われていた。最後は、これはたまたま雪が降っていたのか⁉ 白いイメージにすっきりと着地している。

撮影の仕方は非常に凝っていて、チョン・ジェヨンを撮るにしても、横顔にフィクスしていたり、ちょっと正

監督・脚本：ホン・サンス
出演：チョン・ジェヨン／キム・ミニ
2015年製作／121分
原題：Right Now, Wrong Then

面からだったり、キム・ミニとの位置関係も毎回変わる。飲み屋ではカウンターに並んでいたり、カフェでは向き合っていたり、屋上では並んで立っていたり、キム・ミニが絵を書いているシーンでは後ろからちゃちゃを入れるとか、その時々のシチュエーションによって、ふたつの正しい日と間違った日を繋ぎ合わせていると思う。

もうひとつ、キム・ミニがホン・サンスの映画に初めて出たということに言及しないわけにはいかない。韓国の女優は目が大きくてグラマラスなイメージがあるのだが、キム・ミニはちょっと何を考えているかわからないミステリアスな感じがあり、今までにない、でも今日的な女性の自然な魅力を引き出したように思う。印象的なのはファーストシーンで、『何やってるんですか?』と聞いたら『バナナ牛乳飲んでます。あなたは何やってるんですか?』『座っています』というまるでコントのようなやり取りで、キャラクターを表している。一番大事なのは出会いをどういうふうに作るかということなのだが、ここでは『映画を作っています』『知っています』と、拍子抜けするくらいに滑らかに話が進む。映画監督が韓国の文化的な人にどう受け止められているかがよく分かる。

ラストも彼女は映画を観るためにやって来る。映画が始まったら監督と別れて映画を観るのだ。地方で上映会をやってもぜんぜん客は入らないのだが、でもちゃんと観る人はいるということがラストで押さえられているのは、韓国のインディペンデント映画に対するホン・サンスの讃歌だろう。チョン・ジェヨンがキム・ミニの絵の評価をしているところでも言っていたが、『映画はこうすれば全てが許されるということではなく、むしろ悩むし、自分の作品には自信はない。それでもやっているんだ』というセリフには共感した。

ホン・サンスの作品としては初めて、人間の愚かさとか汚い部分とかには目をつぶって、なるべくポジティブな流れにしようとしたのではないか。苦い感じがない終わり方も珍しい。「正しい日、間違えた日」というほど極端に間違えたというふうには感じられなかったし、それよりむしろ、人間を多面的に見せる作品だ。

この後、「夜の浜辺でひとり」でまたぜんぜん違うスタイルになっていくので、一概には言えないのかもしれないが、この作品での変化はやはりひとつの転換点と言ってもいいのではないかと思う。

ホン・サンス作品解説

夜の浜辺でひとり

『私が本当に望むことを確かめたかった』女性の自分らしい生き方を見つめる。

文――溝樽欣二

核心的な部分は最初のところで語っている。舞台はハンブルク。どこかの公園で先輩とキム・ミニの交わす会話がほとんどテーマだろう。橋の上で祈ったキム・ミニに先輩が問うと、『私が本当に望むことを確かめたかったんです』と答える。家族のいる男に恋して別れて、自分らしい生き方を貫きたいという彼女にその先輩は共感する。映画を観ていくと、この後は彼女が言ったことを表現するようなシーンがずっと続く。

ホン・サンスは今回、年上のいろいろ相談できる女友達を二人置いている。最初がそのハンブルク、もう一人は後半、韓国の地カンヌンに出てくる。二人ともヒロインを理解し、できる限り支えてあげている。このスタイルは近作「逃げた女」でより強く出ていて、キム・ミニがいろんな先輩に話をしたり相談したりして、それだけで映画ができてしまっている。その原型的なものだ。

二部構成になっているが、キム・ミニの幻想というか、妄想を違うふたつの形で表現していくふうに見えた。ハンブルクのシーンの最後に謎の男に抱えられて行き、それが終わったらキム・ミニが映画を観ている。この映画を観ていたのかというようにミスリードしているような感じだ。韓国の港町でも途中砂浜で寝てしまって、気が付いたらなじみの映画のクルーが来ている。そこからま

監督・脚本：ホン・サンス
出演：キム・ミニ／ソ・ヨンファ
2017年製作／101分
原題：On the Beach at Night Alone

た彼女の幻想が始まる。ヒロインの魂の方向へ向かっているのが、無理なく自然に描かれている。

これまでの、ひたすら飲んで本音ぶちまけるだけのスタイルではなくて、より内省的で同時代的で、自然なヒロイン像を創造した。キム・ミニという女優との幸福な出会いだったと言える。ホン・サンスはその俳優の特性やキャラクターをうまく映像にしていく。今回はより内面的な部分ではあるが、彼女自身のスタイリッシュなイメージに合わせた作品に仕上げた。

チョン・ジェヨンのキャラクターも今回は映画監督ではなく、田舎のカフェで若い女にこき使われている人間だ。この名優をとことんダメ男役でこんなふうに使うのかっていうのは驚きだった。キム・ミニにお金を借りていて、返すときに一万円足してそれで土産買ってくださいという、このシーンが何とも滑稽で、素晴らしい。また、クォン・ヘヒョが体現しているキャラクターは非常に嫌らしく、付き合いたくない人物を見事に演じている。一方、ハンブルクの先輩役のソ・ヨンファら女性陣はキム・ミニを優しく温かく身守る。男たちは彼女をもっとフラットに見ていて、このバランスもうまい。

ラスボスといえるムン・ソングンは「オー！スジョン」とほとんど同じような役、だからキム・ミニとイ・ウンジュが重なって見えた。この人が最後に本を出して自分の心情を吐き出しているところが、この映画のクライマックスだと思う。ムン・ソングンは『あなたと出会うきっかけに今私はこの映画を作っている』ことを言うために今、ここにいる。その前までキム・ミニはムン・ソングンに対してずっと怒っているのだが、彼の言葉にキム・ミニは感動して癒される。しかし、それは夢なのだ。

ラストの見方はいろいろあるだろうが、最初に戻って自分らしい生き方に進もうということだろう。「正しい日、間違えた日」でも、映画を観てヒロインは絵を描いていることに対してもう少し自覚的になっていく。この映画も、夢は覚めてしまうけどもムン・ソングンの言葉で自分の中にけじめができる。だからもう一度最初に戻って自分の生き方をしっかり持って前に進んでいく。

似たようなキャラクターを出し、たとえ描かれるストーリーもそんな変わらなくとも、その中に多様な映像を施し、独創的な作品を編み出していく。ホン・サンスはそんな、とてつもなく稀有な映画作家なのだ。

ホン・サンス作品解説

クレアのカメラ

『今』と『永遠』との乖離、あるいはその狭間に置かれた人々の強調された姿。

文——八幡 橙

夜よりも昼の日差しの印象が強い、カンヌを舞台にしたひとときの物語。よくよく考えるとそれほど軽やかな内容でもないが、それでも海風が吹き抜けるような、どこか爽やかな後味を残す、ホン・サンス風おとぎ草子だ。

国際映画祭が開催されているカンヌ。映画のセールスを行う会社に勤めるマニは、出張先で突然女社長のナムに呼び出され、解雇を言い渡されてしまう。『あなたは純粋だけど、正直だとは言い切れない』、と帰りの便を変更できず、数日カンヌに残ることにしたマニは、そこでパリから来た不思議な女性クレアと出会う。クレアは常にポラロイドカメラを手にしていて、写真を撮ると（被写体は）違う人になる、だから写真は大切だと考えている。マニの解雇の真相は、社長と映画監督であるソ・ワンスが実は長年男女の関係にあり、酒の勢いでソ監督と寝てしまったマニへの嫉妬からだったとやがて判明するのだが、クレアはソ監督や社長とも別に出会っており、彼らのことも写真に収めていた。普通に眺めていると、クレアは最初にソ監督とカフェで出会い、その後社長を交え三人で食事をし、それから海辺で初めてマニに声を掛けるという時系列のように思えるが、なぜか食事の場で先に二人にマニの写真を見せている。今朝到着してすぐに大きなホテルの屋上で撮ったものだとクレアは話す。『彼

監督・脚本：ホン・サンス
出演：キム・ミニ／イザベル・ユペール
2017年製作／69分
原題：Claire's Camera

女はとっても人気者で忙しそうだった』と。

続いて海岸を一人裸足で歩くほぼノーメイクのマニをクレアがこっそり撮影し、彼女に声を掛ける場面に移る。英語で意気投合した二人は、『韓国料理を作ってあげる』と言うマニに従って、彼女の部屋へ向かうのだが……。

時系列も行われている出来事も、すぐにはすっと入って来ない、難解な構成だ。そもそもイザベル・ユペール演じるクレアという人物、風貌も醸し出す空気もどこか異形で謎だらけだ。そんな不思議な異国の女性が、複雑な男女三人の間を慌ただしく行ったり来たりする。

『素直』『正直』『自分の判断』、さらには『嫉妬』といった言葉が飛び交うこの映画を、個人的には同年に作られた「それから」とコインの表裏の関係にある作品と捉えた。どちらもキム・ミニ演じる女性が、長い付き合いの（恐らく50代と思しき）男女のいざこざに巻き込まれ、翻弄される物語だ。ホン・サンスがよく描く不倫というモチーフの中でも、特にキム・ミニとの関係がもっとも注目された頃の両作に通じているのは、それまでも何度も繰り返されてきた、『今』と『永遠』との乖離、あるいはその狭間に置かれた人々の強調された姿だと言えるのではないだろうか。クレアの言う、写真に撮られた直後に別人になるという言葉も、ホン・サンス映画で主人公が毎度口にする『愛してる』という空しい響きと、どこか通底している気がした。先の約束は誰にもできない。目の前の『今』にしか真実はない。だが、その『今』も掴んだと思ったそばからすり抜けてゆく。「それから」で不倫に耽る出版社社長が、終盤すべてを忘れているように、『今』は必ずしも「永遠」とはなり得ないことを、この二作は特に強く、はっきりと物語っている。

クレアは『なぜ写真を?』と問うマニに、『物事を変える唯一の方法だから』と答える。確かに、クレアに写真を撮られた人たちは少しずつ変化を見せる。ソ監督は社長に別れを告げ、社長は自らマニを訪ねる。そこでの会話は明かされないが、ラストシーン、会社で荷造りをするマニの姿に、解雇の撤回を読み取ることも可能だろう。一方で、クレアの写真に写った、ホテルの屋上で人気者だったというフルメイクのマニの姿。個人的に、これはもしかしたら芸術家になりたかったというマニの、『今』とは違った『正直な』、本来の、あるいは少し先の姿のようにも思えたのだが……穿ち過ぎだろうか?

ホン・サンス作品解説

それから

向かい合う二人の男女に、もう一人の女が加わったとき、果たして何が起こるのか。

文——月永理絵

早朝、妻が用意した朝ご飯を食べていた小出版社の社長（クォン・ヘヒョ）は、妻から突如『誰か好きな人がいるの？』と尋ねられ絶句する。逃げるように家を出てきた彼は、事務所までの道を歩きながら、1ヵ月ほど前に終わった恋愛について振り返る。

不倫をしては、自己憐憫に浸る哀れな中年男。女は、そんな男の涙に絆され、呆れ、激昂する。一人の男を挟み三人の女が対立する「それから」の物語は、一見、いかにもホン・サンスらしい。しかし何かが違う。男と女、その対立の物語は、いつしか女の見た世界という構図へと横滑りする。

映画は、社長が過ごす現在のある一日と、過去の恋愛とを、フラッシュバックを用いて交互に映していく。ふたつの時制には、二人の若い女がそれぞれ登場する。社長の愛人で元社員のイ・チャンスク（キム・セビョク）と、彼女が辞めたあと代わりに入社したソン・アルム（キム・ミニ）。この三人の構図はのちに「逃げた女」に引き継がれるが、ここでのキム・ミニは決して恋愛ゲームの参加者ではない。彼女はこの日初めて働きにきただけで、社長と前社員との恋愛沙汰は何も知らず、ただの傍観者でしかない。だがなぜか社長の妻に愛人だと勘違いされ、彼女の出勤一日目は怒涛の展開を見せることに。

監督・脚本：ホン・サンス
出演：クォン・ヘヒョ／キム・ミニ
2017 年製作／ 91 分
原題：The Day After

たしかに男女の三角関係をめぐる物語ではある。だが恋愛をめぐる三角関係とは少し違う。ここで問題となるのは三人の男女が座る位置であり、その配置がどう変化するかが、この映画の主題となる。

カメラはまず、テーブルを挟んで向かい合う二人の男女の会話を映す。社長とその妻の朝の会話は、ある一言で破綻のドラマへと突き進む。社長とソン・アルムとの会話も同じ構図で行われるが、それはパターンを変えて何度もくりかえされる。事務所での面談では、初対面にもかかわらずアルムの人生を思いがけず紐解き、昼食の場での対話は、彼らの関係を打ち解けさせる一方で噛み合わなさをも露呈させる。そして夜、酒を介した二人の会話はより危うさを増していく。

一方、社長とイ・チャンスクの場合は、最初から様子が違う。彼らはテーブルの存在を拒絶し、近距離で向かい合うか、あるいは横並びの構図を選択する。彼らが正面から向き合うのは、会話をやめ、抱き合うときだ。

それでは、向かい合う二人の男女にもう一人の女が加わったとき、果たして何が起こるのか。その反応を見守ることが、この映画のひとつの法則だ。社長と妻とアルム。社長とアルムとチャンスク。三人が対峙した途端、力関係はあっというまに変化する。同時に三人を画面に収めるためには、その構図は二対一にならざるを得ない。こうして彼らの力関係は変化し、事態は混乱をきわめていく。やがて茶番劇に嫌気がさしたアルムは、この奇妙な構図争いから颯爽と逃げ出すことになる。

この逃走を機に、三角関係をめぐるルールも崩壊する。いなくなったアルムを利用しようと社長と愛人はソファに座りよからぬ計画を立てるが、それは空しい会話に終始する。もはや中年男は主人公となる力を失っている。タクシーに乗り、夜の街に降り注ぐ雪を眺めるキム・ミニの美しい横顔を見れば、この映画の主導を握るのが誰なのか、一目瞭然だ。

後日譚。再び事務所のソファで向き合った社長とアルムは、以前と同じ話を繰り返すが、そのやりとりは冷ややかな視線とともに終了する。会社にはまた新たな新入社員が入社したようだが、もはや彼女が画面に登場することはない。主人公の座を得た女は、独り、雪の降る街を力強く歩いていく。

ホン・サンス作品解説

草の葉

両者の顔がピンボケになろうとかまわない。その強い信念にただ圧倒される。

文——月永理絵

ホン・サンス映画におけるズームの使用、それは何より経済的な問題に基づいている。ロングテイクのなかでズームイン／アウトを多用すれば、何度も撮影を重ねカットを割らなくても画面にメリハリをつけられる。つまり低予算／短期間で多くの作品を撮ることができる、というのが監督の語る理由だ。加えて、これらの手法は俳優の演技の自由度にも貢献する。とはいえ、座ったままでの会話シーンを延々と映し続ければ、どれほど演技が素晴らしくても普通は退屈さを免れない。そこでズームやパンを使えば、視点を巧みに切り替えられ、一シーンのなかでいくつものリズムを構築できる。

「夜の浜辺でひとり」に続きW・ホイットマンの詩集からタイトルがつけられたらしい「草の葉」は、完全なる会話劇であり、その会話は基本的に全て長回しで撮影される。カメラはほぼ定位置に置かれ、これまで見たことがないほど大胆にズームとパンが使われる。その徹底ぶりは、まるで『映画とはこのように撮ればいい』という力強い宣言のよう。

映画の舞台は、一軒のカフェと近くの食堂。そこを訪れた四組の男女の会話が一組ずつ描かれる。4つの会話を繋ぐのは、キム・ミニ演じる若い女性。彼女は店内でその会話に聞き耳を立て、Ｍａｃでその様子を書き留めて

監督・脚本：ホン・サンス
出演：キム・ミニ
2018年製作／66分
原題：Grass

は、その都度したり顔で論評する。

向かい合う二人の会話を映すため、カメラは激しくパンしながらそれぞれの顔を追い、ズームイン／アウトによってリズムをつくりだす。会話のあと彼らが立ち上がり外に出ていくまでをワンショットで映し、時には横にいるキム・ミニへとパンし、彼女の顔のアップとモノローグによってシーンを締め括る。男の肩越しに相手の女の顔を捉える場面では、平凡な切り返しショットかと思わせて、フォーカス送りの連続で済ませてしまう。とにかく会話を撮ることが優先で、両者の顔がピンボケになろうとかまわない。その強い信念にただ圧倒される。

このカフェには不思議な力が宿っているようだ。訪れた客たちはみな、知らず知らずのうちに自らの恥を告白させられる。和やかに近況を尋ね合っていた若い俳優とその友人女性は、いつしか自殺した知人女性をめぐって口論を始める。穏やかそうな顔の老俳優は、最近ルームメイトと暮らし始めたと語る年下の女性の話を聞くうち、自分は先日自殺未遂をし、仕事も金も住む場所もない、どうか自分をその家に住まわせてほしいと懇願し、女性を気まずくさせる。俳優業をやめ映画の脚本を書きたいと願う中年男は、脚本家の女に共同生活を提案し、さらに見ず知らずの女（キム・ミニ）にまで同じ話を持ちかける。死と老いをめぐる彼らの会話はヒートアップし、それに応じて、店主（ただし彼は最後まで不在のままだ）の趣味でかけられるクラシック音楽の音量はどんどん上がっていく。

そんな彼らを冷静に観察するキム・ミニだが、彼女もまたいつしかこのカフェの魔力に捕らえられる。あるいは彼女自身がその力を持つのかもしれない。店を移り、弟とその恋人と訪れた食堂で、彼女はまたも不快な告白を耳にする。隣席の二人の男女は、ある大学教授の死の原因をめぐり、醜い口論を始める。その熱が伝染したかのように、弟たちと会話するうち、キム・ミニの口調にもやはり毒と熱が絡まり合う。

ヒステリックな会話劇は、恒例の酒宴によって落ち着きを取り戻す。カフェに持ち込まれた焼酎は、いつものように口論を引き起こすことなく、恥を告白しあった人々を落ち着け、結びつける役目を果たす。最後は、カフェに足を踏み入れることのなかった漢服姿の若いカップルを映し、この小さくも過激な物語は幕を閉じる。

ホン・サンス作品解説

逃げた女

男たちが画面に登場したとたん、女たちのドラマには不穏さが漂い始める。

文――月永理絵

「正しい日 間違えた日」から始まったホン・サンスとキム・ミニのコラボレーションは、「逃げた女」でひとつの到達点を迎える。これまで彼の映画に欠かせなかった、だらしなく恋に溺れる中年男はひとまず姿を消し、友情によって結ばれた女たちが新たに現れる。彼女たちの快活なおしゃべりと、焼酎に代わって登場するワインが物語を動かし、ホン・サンスにとって初の〈女性映画〉を生み出したのだ。

キム・ミニ演じるガミはこの映画の主人公だが、必ずしも物語の中心にはいない。彼女は、夫が仕事で留守の間、旧知の先輩ヨンスンとスヨンの家を訪ね歩き、彼女たちがどのような暮らしを営んでいるのかを聞いてまわる。それぞれの家で、酒を飲み、ごはんを食べながら友人たちの人生を紐解いていく。つまりガミは女たちの物語を聞くインタビュアーであり、これは彼女の観察と取材の旅なのだ。

元夫と泥沼の離婚劇をくりひろげたヨンスンは、今は年下で同性のルームメイトと平穏な暮らしを送っている。畑で野菜を育て、近所に住む若い女の子の相談に乗ったりもする。スヨンもまた独り身での生活を満喫中だ。同じマンションに住む男性との淡い恋愛関係を楽しんでもいるようだが、実際にその男性がスヨンやガミの前に姿

監督・脚本：ホン・サンス
出演：キム・ミニ／ソ・ヨンファ
2020年製作／77分
原題：The Woman Who Ran

を現すことはない。

男性の不在。それこそがこの映画の基本方針だ。男たちが画面に登場したとたん、女たちのドラマには不穏さが漂い始める。ヨンスンらが可愛がっている野良猫をめぐる、近隣住民とのやりとり。スヨンの家を訪ねてきた若い詩人の男との押し問答。ガミは彼らの不穏なやりとりを観察するわけだが、そのとき、防犯カメラや玄関のインターホンが使われることにも注目したい。四角い画面は、ガミにとって取材の絶好の手段なのだ。

一方でガミは、酔いに任せてか、すぐに自らの夫の話をしはじめ、観察者としての立場を逸脱する。出張中だという彼女の夫も、不在の男の一人。ガミは『愛する人とは何があろうと一緒にいるべきだ』という夫の言葉とともに、今回が結婚して初めて夫婦が離れて過ごす時間だと語る。どこか大仰なその言葉に驚くヨンスンを前に、ガミは一見平静そう。だがスヨンの前でもまったく同じ言葉を語り、さらにもう一度それが反復されることで、ガミと夫の間にある不穏な影が徐々に浮き上がる。

ガミの取材旅行では毎回同じ行為が繰り返される。食事と飲酒。ガミの夫の言葉の紹介。それらは反復されることで変化を引き起こす。ヨンスンとスヨンを訪ねたあと、ガミはかつての友人ウジンが働く映画館を兼ねた文化施設にたどり着く。ただしこれは先のふたつの訪問とは異なり、あくまで偶然の再会だという。ウジンもまた、ヨンスンのルームメイトと同様にりんごを剥きガミに振る舞ってくれる。ただしここには酒はない。ウジンは現在の生活について語り、ガミもまた夫の例の言葉を話してきかせる。そうするうち、二人の過去に共通するある男の存在が明らかになり、この再会をまったく別の次元に引き上げる。

二人の女によって語られた男は、やがて堂々と画面の中に登場する。彼の存在がこの映画にとって邪魔者でしかないのは明らかだ。男はやはり不在でなければいけない。ガミの旅は、その事実をたしかめることで終わりを告げる。そうして彼女は再び四角い画面へと向かい合う。防犯カメラ、インターフォンモニター、そしてスクリーンという画面のなかで、彼女は新たな世界を発見する。

ホン・サンス作品解説

イントロダクション

物語が動き出しそうな気配を見せた瞬間、幕は唐突に下ろされる。

文——月永理絵

ホン・サンスの映画では、物語は常に欠落する。導入部分から人々を惹きつけいよいよドラマが盛り上がるという瞬間、夢オチや突然の中断によって、場面は突如終わり、物語は完成されないまま放置される。そして未完成ならば何度同じ話をしようがかまわないとでもいうように、彼のフィルモグラフィのなかで、物語は変奏しながらくりかえし語られていく。

「イントロダクション」の物語の構成は、これまで以上に大胆だ。物語は「逃げた女」と同じように3つの章から構成されるが、章の間には大きな時間の欠落がある。第一章、いまだ将来が定まらずにいるヨンホは、離婚した父親の韓方病院に呼び出される。だが当の父は忙しく、ヨンホは旧知の女性看護師と会話をしながら、父の診療が終わるのを待ち続ける。第二章、ベルリンに留学したヨンホの恋人ジュウォンが、居候先である画家の女性の家を母と共に訪れる。やがてジュウォンは、ソウルから突然やってきたヨンホと再会し、二人一緒にベルリンで勉強できたらいいと夢を語り合う。第三章。海辺の食堂でヨンホの母と演劇界のベテラン俳優が誰かを待っている。彼らは、俳優を志すも諦めてしまったヨンホを呼び出し、その理由を問いただす。そしてお約束ともいえる、大量の焼酎を伴う宴会が開かれ、演じることの意味をめ

監督・脚本：ホン・サンス
出演：シン・ソクホ／パク・ミソ
2020年製作／66分
原題：Introduction

ぐる白熱した議論が展開される。

3つの章のうち、まさに「イントロダクション（序章）」だけで成り立っていると言えるのが第一章と第二章。どちらも物語が動き出しそうな気配を見せた瞬間、幕は唐突に下ろされる。父との対話はどうなったのか。恋人たちの未来は明るいのか。話の核心は隠されたまま、物語は大きな時間の飛躍とともに次の章へと移行する。

散乱する欠落を埋めるのは、登場人物たちの会話だ。観客は、時間と空間の飛躍に戸惑いながら、彼らの会話から、欠けたピースを拾い集め物語を再構築する。ヨンホとジュウォンの会話によって、彼と父との間で交わされた会話の内容がそれとなく示され、ヨンホと母、老俳優とが交わす会話によって、あの日韓方病院で起きたもうひとつの出来事が浮かび上がる。またこの飲み会の後に向かった海辺で、ベルリンでの逢瀬後、ヨンホとジュウォンの間に何が起きたのかが明らかになる。

3つの章を通して、いまだ人生の『序章』にとどまるヨンホが、身近な三人（父、恋人、母）とどのような関係を結ぶかが、断片的に描かれる。だがヨンホと三人との関係はどれもうまくはいかない。父とはなかなか再会できない。母は、老俳優を交えた気まずい宴のあと、遠くからその姿を眺めるしかない。その姿すら、本当に母本人かどうか不明なままだ。たしかに抱きしめあったはずの恋人とは結局別れ、いまや幻のようにその姿を思うだけ。代わりに彼は、かつて愛を告白した年上の看護師と寒さを口実に抱き合い、冬の海で泳いだあと同性の友人と抱擁し合う。

ホン・サンスの映画では、物語は決して完成しない。欠けたピースはひとつまたひとつと回収されるが、全てのピースが埋まることはない。父や母との関係。ジュウォンとのその後。ヨンホの目指す未来。全てはあいまいなまま、海を映すことによって映画は終わる。二人の青年は、荒れ狂う波をただじっと眺めている。それは「逃げた女」でキム・ミニが見ていた映画のラストシーンとたしかに重なりあう。

ホン・サンス作品解説

あなたの顔の前に

これほど情動的なシーンを正面から撮ったという事実に改めて驚かされる。

文――月永理絵

2021年、カンヌ国際映画祭プレミア部門で上映された「あなたの顔の前に」は、前作「イントロダクション」以上に観客を驚かせたはず。これまでのホン・サンス映画を更新する新たな要素がいくつも見られるからだ。

変化のひとつは、主人公が中年と呼ばれる年齢の女性であること。これまでのホン・サンス映画では、中年男はたびたび主人公になってきたが、女性主人公の多くは若い女。そして彼女たちは例外なく恋愛に振り回される。イザベル・ユペールを主演にした「3人のアンヌ」でも、アンヌは他の若者たちと同様、恋愛ゲームの中心にいる女性であり、年齢を感じさせる要素はほぼ見出せない。

しかし「あなたの顔の前に」でイ・ヘヨンが演じるのは、移住先のアメリカから久々に韓国へ帰国した元女優のサンオク。彼女は常に疲れを顔に滲ませ、自らの過去をふりかえる。描かれるのは恋の鞘当てではなく、一人の女性の〈老い〉と、遠からず訪れる〈死〉だ。

〈死〉の影は、見えないシミのように画面にぴたりと張り付いている。妹ジョンオクとソウルの街を散歩し、その後独りで過去に家族で住んだ家を訪ねたサンオクは、午後になり自分の過去の出演作のファンだという映画監督と対面する。ここで、小さな勘違いがいくつか起こる。まず、待ち合わせ場所が喫茶店から、開店前の居酒屋へ

監督・脚本・撮影・編集：ホン・サンス
出演：イ・ヘヨン／チョ・ユニ
2021年／85分
原題：In Front of Your Face

と直前で変更される（その店名は「次の朝は他人」に登場した「小説」だ）。ランチのつもりで現れたサンオクはコーヒーしか用意されていないことに戸惑い、監督と若い助監督はあわてて近所の中華料理屋から料理を注文し始める。

料理が並び、さていつもどおり韓国焼酎を飲みながらの飲んだくれシーンが始まるかと思いきや、どうも様子が違う。『中華料理に合わせるなら高粱酒だろう』と監督が提案し、見慣れた緑色の瓶の代わりに、金色の蓋をつけた透明のボトルが登場する。やがて助監督は追い払われ、お決まりの不快さギリギリの恋愛ごっこが始まると見せかけて、事態は別の方向へ動き出す。サンオクは、妹にも打ち明けなかった自分の秘密を監督に打ち明け、二人は涙をこぼしながら、彼女が生きようとしている現在、そしてこれから訪れる未来について語り始める。

既婚の男性監督による女優への欲望のまなざしは、過去作同様、たしかに存在する。だが下卑た笑いが挟まれる余地はない。カメラは長回しで二人の会話を映したあと、路地の果てで、傘を差しそっと寄り添いあう二人を捉える。そうして神々しいほどに美しいバックショットによって、長い長い会話シーンは幕を閉じる。

男女の痴情を扱いながらも、感情のドラマを扱うことを避け続けてきたホン・サンスが、これほど情動的なシーンを正面から撮ったという事実に改めて驚かされる。しかもカメラは対象にズームインするのではなく、ズームアウトによってその全体を捉えようとする。

一方で、過去作から引き継がれたものも多い。外国から韓国へ戻ってきた女優の設定は「夜の浜辺にひとり」で試みられ、〈老い〉や〈死〉の気配は「それから」「草の葉」「川沿いのホテル」ですでに漂っていた。一人の女性が過去に親しかった人々を訪ね歩く物語の形式は「逃げた女」に、複数の物語を断片的に繋いでいく手法は前作「イントロダクション」にも通じるだろう。

ここには、ありえたかもしれない未来や、もうひとつの過去は存在しない。あるのはたったひとつの現在だけ。近作において積み重ねられてきた小さな差異を大きな飛躍へと発展させ、彼のフィルモグラフィのなかでも極めて稀な、まっすぐに一人の女を見つめる女性映画が誕生した。

ホン・サンス作品解説

小説家の映画

生きるのはめちゃくちゃだけど 映画だけでは変わりたいという強迫が消えた。

文——ホ・スンホ

長い間書くことができずスランプに陥った小説家のジュニ（イ・ヘヨン）が行方をくらました後輩を訪ね、ソウル近郊の小さな書店を訪れる。その後、後輩が紹介してくれた町内のタワーに上がったが、そこで偶然知り合いの映画監督夫婦に会う。しかし、三人の関係は円満ではない。実は以前一緒に作業をしようとしたがうまくいかず、気まずい状態。タワーから見える公園を歩きたいというジュニの言葉に散策路に向かった三人は最近活動がない俳優ギルス（キム・ミニ）に会う。ギルスは自分が好きな小説家に偶然会えたことに嬉しがるが、才能を浪費するのはもったいないとパク監督（クォン・ヘヒョ）に言われ、少し感情に傷つく。それを見ていた小説家のジュニは我慢できず、監督を非難する。その後、監督夫婦は気を悪くしてその場を去る。続いてジュニとギルスは会話を交わしていたが、監督志望のギルスの甥、ギョンウ（ハ・ソングク）に会う。その後、ギルスとジュニは急速に親しくなり、一緒に短編映画を作ることに。再び後輩の小さな書店で飲み会が始まり数ヵ月後に小説家が作った映画が公開される。果たしてどんな映画が誕生したのだろうか。

映画は様々な登場人物の口を通じてホン監督の〝映画〟と〝キム・ミニ〟に対する思いを伝える。散策路でギル

監督：ホン・サンス
出演：イ・ヘヨン／キム・ミニ
2022年／92分
原題：The Novelist's Film

スにパク監督が『多くの人が惜しんでいる』と言うと、ジュニは『小学生でもあるまいし、自分がやりたいことをやって暮らしてる姿を尊重すれば良い。誰もがお金稼ぎばっかりを気にしてるわけではない』と強く非難する。ジュニの口を通じて恋人のキム・ミニに対する映画界内外からの視線に不快感を表わした部分だ。ジュニは映画を撮る前に、俳優が本当に好んでやることが大事で、自分が見つめたい俳優を最も自然な状態にさせてからこそ出てくる〝なにか〟を捉えなければならないという。全てが本物のように本来から自分が持っていた考えを盛り込むもので、それがドキュメンタリーではないと話す。自分の映画には必ず〝物語〟があるとジュニの口を通じてホン監督は自分の演出論を吐き出す。映画、ミュージカル、演劇、ドラマ界で40年以上活動したベテラン俳優イ・ヘヨンの口を通じたホン監督のメッセージは彼のカリスマとともに強い響きで観客に伝わる。

小説家の映画が完成する。しかし誰も何の内容なのか分からない。ただ、主人公ギルスが花を持って結婚行進曲を口ずさみながらカメラに向かって歩いてくる。すると、終始白黒だった映画がカラーに変わる。映画を観ながらこの部分が最も集中度が高くなり、混乱し始める。キム・ミニに対する愛情を他者の口を通して伝えたが、突然堂々と彼女に対する愛情が凝集され、もしかしたらこの全てがギルスの夢ではないかという気がした。書店での飲み会でマッコリを飲んで酒に酔って眠っていたギルスの夢を私たちが覗いたのではないか。たとえそうだとしても最後の映像に現れたキム・ミニまたはギルスの魅力に私たちは十分魅了されてしまう。強迫から抜け出すことはレシピに徹して料理していた人が〝感〟で料理したとしても変わるのではなく、料理に対する心構えが変わってこそ可能だ。劇中のパク監督は『生きるのはめちゃくちゃだけど映画だけでは変わりたいという強迫が消えた』と話す。本物を引き出さなければならないという演出家としての強迫がなくなったのか、話さえあればそれで映画は完成するのか分からないが、ホン・サンス監督の強迫はある程度消えたことに観客が気づいた。それがこの映画の最大のポイントではないだろうか。

ホン・サンスが描く旅と街　論

文――チョン・ウンスク

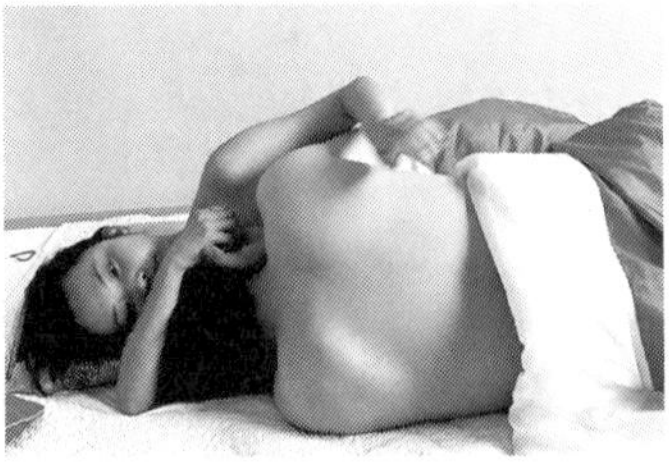

気まぐれな唇

江原道の春川（チュンチョン）と慶尚北道の慶州（キョンジュ）への旅。

監督・脚本：ホン・サンス
出演：キム・サンギョン／チュ・サンミ
2002年製作／115分
原題：Turning Gate

キム・サンギョンが主演した三作を、私はストーカー三部作と呼んでいる。本作では人妻ソニョン（チュ・サンミ）の自宅まで押しかけ、「映画館の恋」では女優（オム・ジウォン）をつけ回す。「ハハハ」では観光ガイド（ムン・ソリ）の後をつけて家をつきとめる。今なら『気持ち悪い』と一蹴されてしまうだろうが、キム・サンギョン演じるキャラクターは可愛げがあり、女たちは彼を受け入れてしまう。

　ホン・サンスが描く物語は大なり小なり旅なのだが、主人公がもっとも旅らしい旅をしているのが本作である。ロードムービーと言ってもいい。贅肉がそぎ落とされた中期以降の作品と比べ初期の作品は夾雑物が多いため、旅の描写に惹きつけられる。舞台は江原道の春川（チュンチョン）と慶尚北道の慶州（キョンジュ）。いずれもステイ先として大変魅力的だ。

　春川はドラマ「冬のソナタ」の撮影地として有名だが、朝鮮戦争のとき北から避難してきた人たちが定着したところでもあるので独特の食文化がある。日本でもよく知られているタッカルビはこの辺りが発祥といわれている。

　一方、慶州は多くの学生が修学旅行で訪れるベタな観光地だ。正直、手垢がつき過ぎていてこの街にあまり魅力を感じていなかったのだが、数年前、チャン・リュル監督の「慶州（キョンジュ）ヒョンとユニ」の撮影地取材で訪れたとき、女性的な曲線を描く古墳の魅力を再認識した。観光スポット以外の生活圏の散歩も楽しかった。本作の撮影から20年が経過しているが、劇中のソニョン宅のような伝統家屋はまだ残っている。

仕事にあぶれた俳優ギョンス（キム・サンギョン）は先輩が住む江原道の春川を訪れる。彼の旅のスタイルは気ままそのものだ。先輩が住む離れで生薬がたっぷり使われた鶏粥を食べたり、英題にもなっている「Turning Gate（回転門）」を観に遊覧船に乗ったのに途中で引き返したり、先輩の意中の女性（イェ・ジウォン）の露骨な誘惑に乗っかったり、昭陽湖であひるボートをこいだり、韓国式旅館の庭で酔い覚ましのスープを飲んだり。一人旅の「あったらいいな」が全部ある。

ギョンスは春川からバスで原州（ウォンジュ）へ移動。原州からは列車で釜山に向かう。車中、暇を持て余して他人の囲碁を見物している青年と他愛のない会話をする。隣席のソニョンに『演技お上手ですね』と言われてその気になり、ビールでもと誘うがふられ、ソニョンを追うように慶州で降りてしまう。このいい加減さ。理想的な一人旅である。

慶州の宿は70年代テイストの安旅館。女将に『何泊するの？』と聞かれ、『まだ決めてないけど、少なくとも明日まではいます』と答えるギョンス。適当過ぎる。素敵だ。比較的自由な取材旅行をしている私でも旅の入口と出口の日時くらいは決めている。

夕食は一人でホルモン焼きの店に入る。隣席の女の子の脚をじろじろ見ていたら、青二才の彼氏に説教された。恥ずかし過ぎる。

慶州ではソニョンにつきまとったり、古墳の上から彼女の家を偵察したりした挙句、電話番号を聞き出し、慶州駅前での待ち合わせに成功。城東市場を見物したあとサムギョプサルでソジュを飲む。理想的なデートコースである。

数日後、ソニョンと二人で占い師に見てもらう。その結果に納得がいかなかったのか、門の外から占い師を睨みつける間抜けなシーンが本作のハイライトだ。

「カンウォンドのチカラ」も旅心を刺激する映画だが、本作はもっとユーモアがある。

ホン・サンスが描く旅と街論

映画館の恋

映画に出た女と映画を観た男のソウル1泊2日。
『女優だからって特別なことはないのよ。ただの女よ』

監督・脚本：ホン・サンス
出演：キム・サンギョン／オム・ジウォン
2005年製作／89分
原題：Tale of Cinema

数あるホン・サンスの旅のなかでも飛びぬけて陰鬱だ。移動範囲も狭い。

原題「劇場前」という映画の中に主人公が映画を観るシーンがあるため、ノンフィクションとフィクションのように錯覚するが、よく考えたら両方ともフィクションである。

映画の中の映画の旅は、若い男（イ・ギウ）と女（オム・ジウォン）のソウル旧市街2泊3日。ルートは、鍾路3街の楽器店→鐘閣の眼鏡店→徳寿宮の西の貞洞劇場→鍾路2街のビアホールとカラオケボックス→北漢山が見える安モーテル→ソウル駅前→南山のふもとの安モーテル。

2005年の撮影なので遠くない昔である。鍾路の繁華街の看板デザインが垢抜けしていなかったり、ソウル駅の脇の高架路がまだペデストリアンデッキになっていなかったり。今の風景と比較するとなかなか楽しい。しかし、図体は大きいが青臭い男と辛気臭い女の旅は湿っぽくて見るのが辛い。

この映画を上映していた映画館は鍾路2街交差点と清渓川の中間辺りに実在するシネコア。映画を観ていたのは主演女優ヨンシル（オム・ジウォン）とパッとしない映画監督ドンス（キム・サンギョン）だ。

シネコアを出たドンスは同窓生家族と会って鍾路区庁

前の中華料理屋で食事した後、ちょっとしたことで気まずい雰囲気になり、彼らと別れる。そこで偶然、ヨンシルを見かけ、あとをつける。自分が出た映画の撮影地巡りでもするように眼鏡店から出てきたヨンシルに話しかけ、いつか自分の映画に出てほしいと言うが、『シナリオ送ってください』と軽くあしらわれる。

その夜はシネコアで上映されていた映画の監督（闘病中）の後輩たちの飲み会が南山の焼肉店で行われた。自分を嫌う者たちが多い集まりなのでドンスは気が進まなかったが、ヨンシルと再会できるかもという期待が勝ってのこのこやってきた。予想通り、ドンスの登場で飲み会は気まずい雰囲気になる。彼は酒癖がよくないのだ。

遅れてヨンシルが登場すると、酒席は一気に盛り上がる。彼女がカラオケを歌うとき背後にメニュー表が見えた。プルコギ200グラムが8000ウォン、サムギョプサル200グラムが7000ウォン。安い。今の半値くらいだ。遠くない昔と書いたが17年前なのだ。

ヨンシルは先に焼肉店を出て闘病中の監督の病院へ向かう。ドンスはそれを追い、病院前で待ち伏せしてヨンシルを不快にさせるが、めげずにあの手この手で気を引こうとする。監督が危険な状態だと聞いて我を忘れたのか、ヨンシルはいつのまにか刺身屋でドンスとソジュを飲んでいた。

今日観た映画と監督についてそれぞれの葛藤を開陳しながらソジュを4本空けると、二人の距離は縮まっていた。酔った勢いでヨンシルに「好きだ」と言うドンス。

場面は変わり、どういう風の吹き回しか昼間の映画で観たような安っぽいモーテルでセックスしようとする二人。

『ドンスさん、女優だからって特別なことはないのよ。ただの女よ』

片脚にストッキングをはいたままドンスを受け入れようとするヨンシルのセリフにドキッとする。

『やめて』と『好きだ』が交錯する単調なセックスを終え、ヨンシルは再び病院に向かう。それを待ち伏せしたドンスにヨンシルが言う。

『もうじゅうぶん楽しんだでしょ』

1泊2日の旅が終わった。

浜辺の女

忠清南道・薪斗里（シンドゥリ）海岸。遠浅の海、抜け駆けの夜。

監督・脚本：ホン・サンス
出演：キム・スンウ／コ・ヒョンジョン
2006年製作／129分
原題：Woman on the Beach

シナリオ作成に行き詰っている映画監督（キム・スンウ）、後輩（キム・テウ）、後輩の友達以上恋人未満の女性ムンスク（コ・ヒョンジョン）の3人が季節外れのビーチリゾートで数日を過ごす。

場所はソウルからクルマで2時間ほどの忠清南道・薪斗里（シンドゥリ）海岸。日本で例えるなら九十九里浜のようなところだが、黄海の波はずっと静かだ。Netflixの人気ドラマ「私たちのブルース」でイ・ビョンホンとシン・ミナが赤いスポーツカーで走り回るシーンはこの浜辺で撮影された。

宿は遠浅の海に面した2階建てのペンション『チャジャクナム（白樺）』。近くに個人経営のコンビニと刺身屋がある。

シナリオを書くには理想的な環境だが、無聊を慰めるために誘った後輩が連れて来たムンスクとややこしいことになったりして、原稿は進まない。

この滞在のハイライトシーンは『抜け駆け』である。『背信』と言ってもいい。

監督は後輩がトイレに入っている間にムンスクを海岸の散歩に誘い、一気に距離を詰める。途中、後輩から電話がかかってくるが、遠浅の浜辺が幸いして上手く巻くことができた。火がついた監督はさらに無茶をする。近くの宿の鍵のかかっていない部屋に忍び込み、ことに及ぶ。浜辺を探し回る後輩と宿の管理人に見つかるかもしれないという二重の緊張感が二人を燃え上がらせた。翌朝は高速道路の休憩所でムンスクに二の腕をつねられる後戯付きだ。

数日後、監督は再び薪斗里を訪れる。インタビューと称して接近した女性二人組のうちの一人ソニ（ソン・ソンミ）を誘い出し、刺身とソジュを楽しんだ後、自室に連れ込む。

それをペンションの駐車場から見ていたムンスクが一人酒をあおったあとドアを激しく叩き、わめき散らすが二人は無視する。

翌朝、ドアの前で倒れて眠るムンスクを避け、ベランダから隣室に移り、ソニを帰らせ、監督はもうろうとしたムンスクを部屋に入れる。

こんなことばかりしていて原稿が捗るわけがない。このあと浜辺を走り回っていた監督のふくらはぎが攣ったのは天罰だろう。

後半はムンスクが抜け駆けする。

二人の部屋に電話をかけてきたソニと会ってくると言うが、まさか自分と関係した女二人がソジュや清河（韓国産日本酒）を5本も空けて思いの丈をぶつけ合うことになるとは……。

帰りの遅いムンスクを泣きながら待つ監督。しかし、あるときから憑き物が落ちたようになり、仕事に集中できた。翌朝、監督は薪斗里から去る。原稿は書きあがったようだ。

残ったムンスクはソニを呼び出し、手を握りながら『前向きに生きましょう』と爽やかに挨拶を交わす。監督の知らぬうちに二人の間には友情が芽生えたようだ。

女二人とすったもんだはあったが、後味は悪くない。シナリオも書きあがった。今回も悪くない旅だった。

ホン・サンスが描く旅と街　論

次の朝は他人

時間軸がおかしい。
ソウル北村、鬱鬱躁の一人旅。

監督・脚本：ホン・サンス
出演：ユ・ジュンサン／キム・サンジュン
2011 年製作／ 79 分
原題：The Day He Arrives

地方に引っ込んでいた映画監督ソンジュン（ユ・ジュンサン）が、先輩と再会しようとソウルの北村に数日滞在する。ソンジュンの表情は曇りがちで、モノクロ映像は鬱々としているが、退屈な旅ではない。鬱6躁4くらいで物語が展開する。一人旅はこれくらいがちょうどいい。静か過ぎるのもさびしいが、はしゃぎ過ぎるのも疲れる。

　ソンジュンは映画業界では一定の知名度があった。かつて仕事をした女優がカフェから飛び出してきて挨拶したり、マッコリ屋で独り飲んでいると、映画学科の学生に声をかけられ、いっしょに飲んだりする。

　そのあと、昔関係があった女性（キム・ボギョン）を訪ねる。『よくも来れたわね』と言わんばかりの彼女の態度に、『おれには君が必要だ』と醜く泣き崩れ、一夜をともにする。

　翌朝は前夜の醜態などなかったかのように、爽やかに彼女の家を去り、先輩（キム・サンジュン）と会う。大学教授ポラム（ソン・ソンミ）も交え韓定食を食べ、バー『小説』に行く。ソンジュンの後ろの棚にはジョニーウォーカーやジャックダニエルのボトルが見える。韓国料理のあとの選択としては悪くない。ソンジュンがピアノを弾く。徳の高い故宮に隣接する伝統家屋街の夜にふさわしい過ごし方だ。バーのママも加わった4人の酒席は不自然なくらい和やか。

3日目の日中、先輩の家で目玉焼きをごちそうになる。外食ばかりだから、こういうときは粗末な手料理でもありがたい。夕食は『多情』という韓国式食堂。しがらみのある俳優ジュンウォン（キム・ウィソン）が加わり、口論になる。先輩が乾杯して雰囲気を変えようとするが、ジュンウォンはソンジュンとは杯をぶつけない。

バー『小説』での二次会にはボラムが加わり、4人でウイスキーのビール割りを飲む。このあたりから時間軸がおかしい。さっきまで機嫌の悪かったジュンウォンだが、この店ではソンジュンの話を神妙に聴いている。店の外でタバコを吸う。雪が降っている。そこにボラムがやってきて他愛もない話をする。こういうときは喫煙者がうらやましい。再びタバコを吸いに出ると、ママがやってきてつまみを買いに行くと言う。ついて行くソンジュン。雪を踏みながら店に戻る途中キスする二人。

朝まで飲んだ5人は雪の中、タクシーを拾おうとする。ボラムが通りの反対側に消える。それを追う先輩。ジュンウォンもタクシーに乗る。残されるソンジュンとママ。

4日目の夕方、先輩とボラムとともに『多情』でソジュやビールを飲む。泣き上戸のボラムを慰めるため『小説』に行く。用事があると出かけたママがいつまでも帰ってこないので、ボラムの機嫌がわるくなる。

買物に出たママを追うソンジュン。店に戻る途中でキス。昨夜もこんなことがあったような気がする。3人で店を出るが、再び『小説』に戻り、ママと一夜をともにする。

翌日、北村を一人さまよう。知っている監督（ペク・チョンハク）と出会うが、向こうは覚えていない。続いて顔見知りのPD（キ・ジュボン）と出会う。彼と一杯やりたかったが、愛想笑いとともに去られてしまう。作曲家らしき男（ペク・ヒョンジン）が親し気に話しかけてきた。彼のことはこちらがよく覚えていない。

そして、自分のことを興味深げに見つめる女性（コ・ヒョンジョン）と出会う。監督のファンだという。写真を撮らせてくれと言われ、ちょっともったいつかけたが、好きにさせる。

捨てる神あれば、拾う神あり。私はソウル在住だが、北村に泊まってみたくなった。

3人のアンヌ

全羅北道・辺山半島にある芽項（モハン）。ペンションとフランス人とエキセントリックな韓国人と。

監督・脚本：ホン・サンス
出演：イザベル・ユペール／ユ・ジュンサン
2012年製作／89分
原題：In Another Country

いつものホン・サンス映画なのだが、イザベル・ユペールというフランスの有名女優が主役を務めている。ホン・サンス的風景のなかにブロンドの女性が登場したらどんな不協和音が奏でられるのだろうという興味をもってソウルの劇場で観たと記憶している。

イザベル・ユペール扮するアンヌという外国人女性が、全羅北道・辺山半島にある芽項（モハン）という離島感のあるリゾートに滞在する。3部構成で、1部が青いシャツを着たしっかり者のアンヌ、2部が赤いワンピースを着た情熱的なアンヌ、3部が緑のワンピースを着た情緒不安定なアンヌだ。

旅先で起きるちょっとしたいさかいが描かれているだけで、あらすじを語るほどでもない。しかし、登場人物の旅というか休暇スタイルはなかなか魅力的だ。

まずは宿。ホン・サンス作品には「豚が井戸に落ちた日」の薄暗いモーテル、「気まぐれな昼」の安旅館、「浜辺の女」のオーシャンビューのペンションなど、清潔感も高級感もさまざまな宿が登場するが、本作の実在するペンション「ウエスト・ブルー」は私が直接、芽項で見たせいもあるが、ホン・サンス映画史上ベストの宿だと思う。

ペンションは入り組んだ干潟に面している。劇中、この干潟ではクォン・ヘヒョが近くに身重の妻（ムン・ソリ）

がいるにも関わらず、緑のアンヌといちゃついていた。

ペンションの建物の外側に付いている階段の踊り場では、クォン・ヘヒョと青のアンヌのようにタバコを吸ったり、おしゃべりをしたりしてくつろげる。木を贅沢に使った部屋は広々としているので、赤のアンヌのようにあとからくる恋人(ムン・ソングン)をまどろみながら待つのもいい。

宿の庭にはバーベキューができるテーブルがあり、ムン・ソリ、クォン・ヘヒョ、イザベル・ユペール、ユン・ヨジョンのように楽しく会話したり、言い争ったりしたりしながら焼肉とソジュを楽しめる。

ペンションの近くに飲み屋らしい飲み屋はないが、個人経営の小さなコンビニに地元の中高年が集まって飲んでいるので、そこに混ざれば楽しい酒盛りになる。私は実際にそれを経験し、飲み過ぎて初対面の村人の民泊(開店休業中)に無料で泊まってしまった。

茅項海水浴場はキャンプ場になっているので、ライフガード役のユ・ジュンサンのようにテントを張って、行きずりのパートナーと戯れるのも楽しそうだ。

ライフガードが青のアンヌのために即興で作った曲はメロディも歌声もすばらしかった。青のアンヌは冷静な女性だったからライフガードとややこしいことにはならなかったが、赤や緑のアンヌならただでは済まなかっただろう。

茅項のある辺山半島は夕陽が美しいことで知られている。半島の西の端にある格浦(キョクポ)は特に有名だ。映画には夕陽こそ登場しないが、昼間、海水浴場を歩いたムン・ソングンと赤のアンヌのように、ゆったりとした時間を過ごすのもいいだろう。

辺山半島とその周辺には名刹が多い。緑のアンヌのように人生に疲れたり、恋愛問題で悩んだりしたら、映画に登場した開岩寺で、僧侶に教えを乞うのもいいだろう。

ホン・サンスが描く旅と街　論

あなた自身とあなたのこと

弘大の北、延南洞（ヨンナムドン）の小さな逃亡劇。軽薄な街、空虚な酒場。

監督・脚本：ホン・サンス
出演：キム・ジュヒョク／イ・ユヨン
2016年製作／86分
原題：Yourself and Yours

「カンウォンドのチカラ」や「オー！スジョン」の仁寺洞、「映画館の恋」の鍾路2街、「次の朝は他人」や「自由が丘で」の北村、「ヘウォンの恋愛日記」や「ソニはご機嫌ななめ」の社稷洞、「逃げた女」の三清洞など、ホン・サンス作品の多くがソウルで撮影されている。

ソウルといっても漢江の北側、故宮が集まっている旧市街がほとんどだ。東京でいえば山の手だろう。毛並みはいいが、商業地区でもあるので高慢ではない。かつての浅草のような庶民の息吹が感じられるエリアでもある。

本作の舞台は延南洞（ヨンナムドン）だ。弘大という日本の若い旅行者にも人気のエリアがある。漢江の北側だが、かなり西寄りだ。ここ十数年、地価や賃貸料が高騰し、おしゃれなカフェやバーなどの商圏が周辺に拡大していった。弘大の北方向に位置する延南洞もそのひとつ。東京で言えば自由が丘と呼ばれる範囲が拡がっていったようなものだ。

ソウル市は今でこそ東西に広い範囲を含むが、元々は南大門をはじめとする東西南北4大門と4小門を結ぶ城壁で囲まれた範囲だけが本当の都だった。日本植民地時代まで城壁の外は農村風景だった。延南洞はもちろん城壁の外だ。かつて明洞にあったチャイナタウンから多くの華僑たちが移り住んだような下町である。私自身も城壁の外、どころかソウルの東のはずれに住んでいるので、けっして城壁内至上主義ではない。永登浦や我が街・千戸洞のような下町が大好きだからこそ、延南洞は弘大化などせず下町らしい下町でいてほしかった。

本作に登場する延南洞はスタイリッシュな弘大の衣をまとっている。だが、まだ板についていない。どこか薄っぺらい。40代半ばという設定のチェヨン（クォン・ヘヒョ）が乗っているクリーム色の折り畳み自転車は、その薄っぺらさを象徴するアイテムだ。どこかあか抜けないチェヨンには似合わない。

ヨンス（キム・ジュヒョク）と痴話喧嘩して家を出て行ったミンジョン（イ・ユヨン）が、時には自分はミンジョンとは別人だと言いながら延南洞を飲み歩き、ヨンスがそれを捜し歩く。そんな物語なのだが、ミンジョンが入り浸るバーがひどい。路地に面した入口は開け放たれていて一見おしゃれだが、青いタイルのカウンターは取って付けたようだ。黄色い鉢植えも野暮ったい。

もっとひどいのは店のスタッフだ。マスター（ペク・ヒョンジン）とバイトの男と常連の女が、奥で飲んでいるミンジョンの噂話を肴に酒を飲んだりタバコを吸ったりする。しかし、ミンジョンは自分が嘲笑されていることも知らず、居心地のよい店だとご満悦だ。そして、この店でミンジョン相手に鼻の下をのばして飲んでいる中年男チェヨンとサンウォン（ユ・ジュンサン）は滑稽を通り越して醜悪だ。

一方、ミンジョンに逃げられてしまったヨンスがやけ酒を飲む店は、これぞ本来の延南洞というべき大衆酒場だ。つまみは豆腐キムチ、茹でイカ、海鮮チヂミなど。酒はもちろんマッコリ。この店で、あるときはヨンスのグチを先輩（キム・ウィソン）が親身になって聞き、同席している女は『女のことがわかっていない憐れな男たちに乾杯！』と一刀両断にしてくれる。またあるときは一人でマッコリを3本空け、ククスをすすっているヨンスを不憫に思ったのか、見知らぬ酔客が『いっしょに飲みましょう』と話しかけてくる。これぞ下町、本来の延南洞だ。終盤、ヨンスとミンジョンはこの店で再び飲むことになる。

おしゃれな延南洞を腐しているわけではない。ホン・サンス監督はこの街を本当に上手く使った。

ホン・サンスが描く旅と街　論

川沿いのホテル

居心地のいいホテルと酒に憂いを少々。
そして、3つの違和感。

ホン・サンス監督作品の多くが旅と酒と恋愛でできている。恋愛の場面は見るに堪えないものも少なくないが、旅と酒の楽しみ方については全面的に憧れる。旅情と酒道の師匠と言ってもいい。

旅情といっても、テレビコマーシャルのようなご都合主義の美景やお涙頂戴場面はない。気ままな旅であること。スタイリッシュ過ぎないこと。そして憂いを少々。これがホン・サンスの旅の必須事項で、大人の旅には欠かせない。本作はその究極だ。モノクロ画面がそれを際立たせている。

酒道といっても、酒場は人生修行の場だなどという説教臭いものではない。男も女も飲むときはとことん飲む。酔って毒を吐けばしっぺ返しがある。翌朝は酔い覚ましのスープを飲みながら虚空を見つめたりする。ホン・サンス作品は飲酒の功と罪を容赦なく突き付けてくる。

舞台はソウルの東の外れの我が町・千戸洞からクルマで1時間もかからない実在のホテル。タイトルの『川』とは北漢江だ。八堂湖まで南下し、南漢江と合流して西に流れ漢江となる。冒頭、『この映画は2018年1月29日から2月14日にかけて作られた』というナレーションが入るように、真冬に撮影され、ホテルと川辺は雪に覆われている。

監督・脚本：ホン・サンス
出演：キ・ジュボン／キム・ミニ
2018年製作／96分
原題：Hotel by the River

最初の違和感はたびたび流れるピアノ曲だ。ホン・サンス作品には珍しく映像と音楽が合っている。「女は男の未来だ」（04）や「映画館の恋」（05）あたりから始まった、木琴やピアノが奏でる軽快な音楽と場面の不協和音に慣れているので、すぐに気づく。

物語についてまだ書いていなかった。

旅というにはソウルから近すぎる京畿道南楊州市にあるホテルに、二組の客が滞在する。

一組は傷心の若い女性（キム・ミニ）と彼女を慰めにきた先輩（ソン・ソンミ）。キム・ミニは2015年の「正しい日 間違えた日」以来、9作品に出演。ソン・ソンミは2006年「浜辺の女」、2011年「次の朝は他人」、2017年「夜の浜辺でひとり」、2020年「逃げた女」と、コンスタントに出演している常連中の常連だ。

二人は部屋でコーヒーを飲んだり、抱擁し合ったり、ひとつのベッドで眠ったりする。ホテルの庭で二人と出逢った詩人が繰り返し言っているように、モノクロ画面のキム・ミニとソン・ソンミのきれいなこと。監督はこの二人の女優に対する愛着を隠そうともしない。ふたつ目の違和感は監督が二人をきれいに撮ろうとしているように見えたことだ。これまでの作品では景色でも女性でもそんな撮り方はしていなかったような気がする。

もう一組は詩人（キ・ジュボン）とその息子たち（クォン・ヘヒョ、ユ・ジュンサン）。昼間はホテルのカフェで女性店員とおしゃべりしながらコーヒーを飲んだり、川沿いを散歩したり、夜は外の食堂でマッコリを飲んだりする。

詩人の憂いの正体はよくわからない。息子たちとの微妙な関係からくるものだろうか。それとも、物語の終盤に起こる出来事への予感だろうか。その出来事こそが3つ目の違和感だった。

ホン・サンス作品は仕事中に流しておくBGVとしても優れている。ピアノの曲も心地よい本作はその極め付きだ。

作家主義　韓国映画

発行人　田中保成
企画・統括　溝樽欣二
編集　小林淳一
装幀　山城絵里砂
編集協力　山崎由美／濱野奈美子
印刷　中央精版印刷株式会社
配給　A PEOPLE

二〇二二年十二月十九日　第一刷発行

発行所　A PEOPLE 株式会社
〒一六〇-〇〇一一
東京都新宿区若葉一丁目十四-五

発売　ライスプレス株式会社
〒一五〇-〇〇四一
東京都渋谷区神南一-二-五
JINNAN HOUSE 2F
電話　〇三-六七二一-〇五八六

ISBN978-4-909792-34-1

Lee Chang-dong

Park Chan-wook

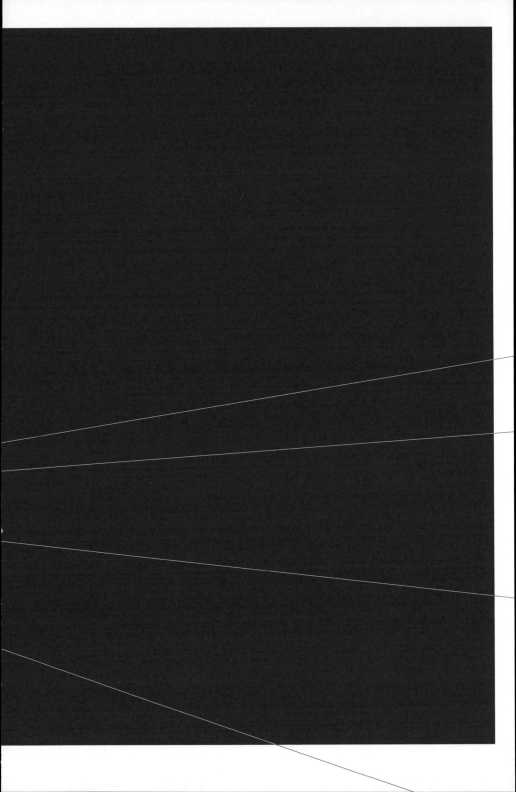

Bong Joon-ho

Kim Bora

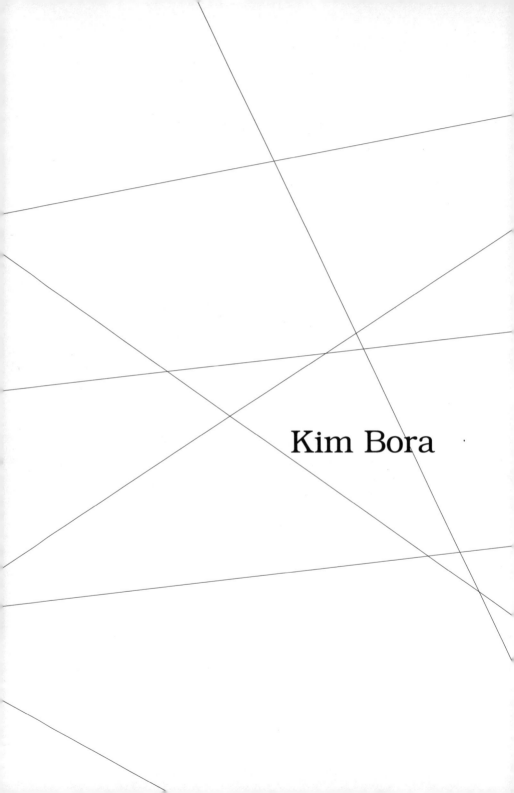

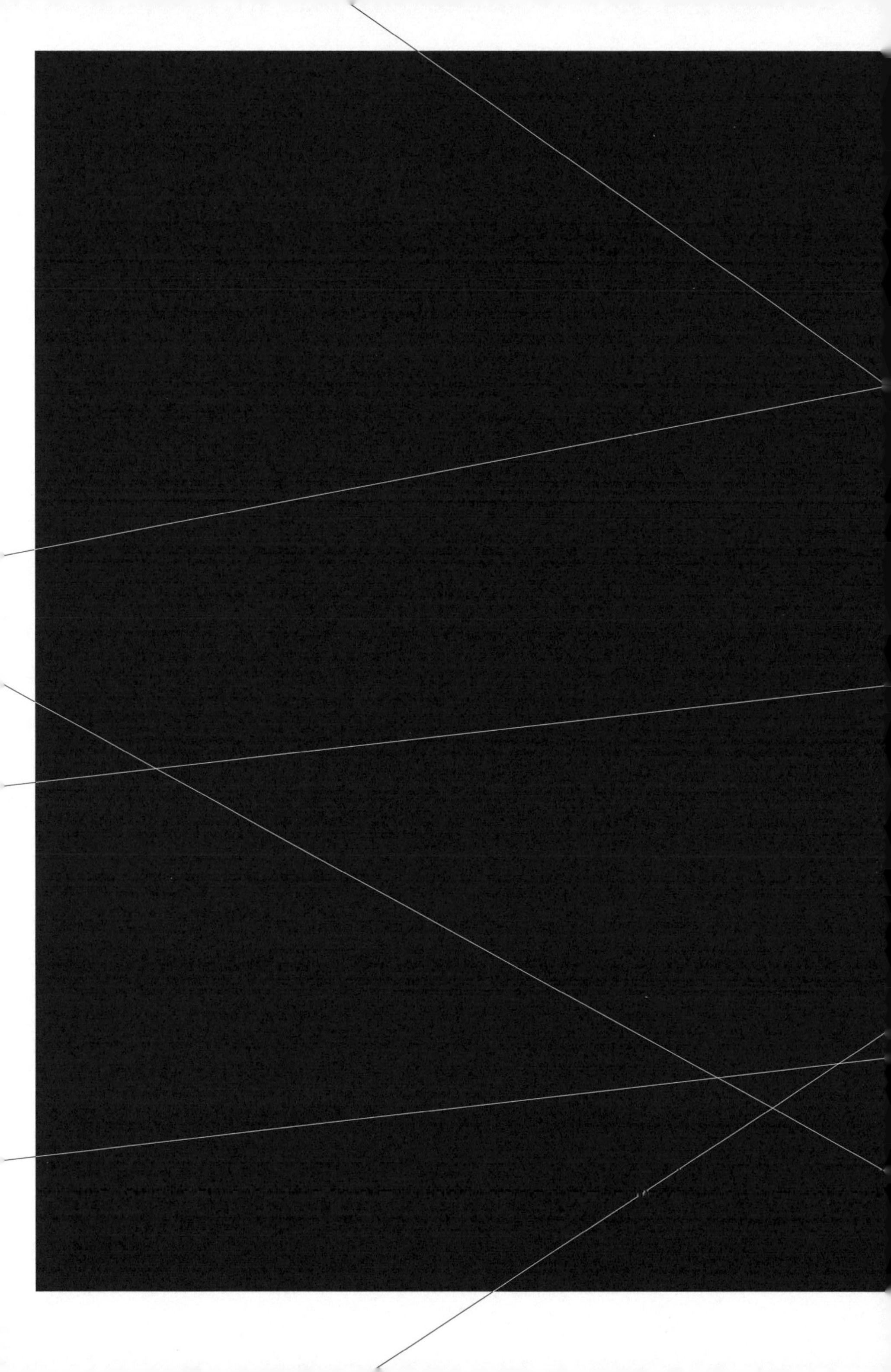

Park Ji-wan

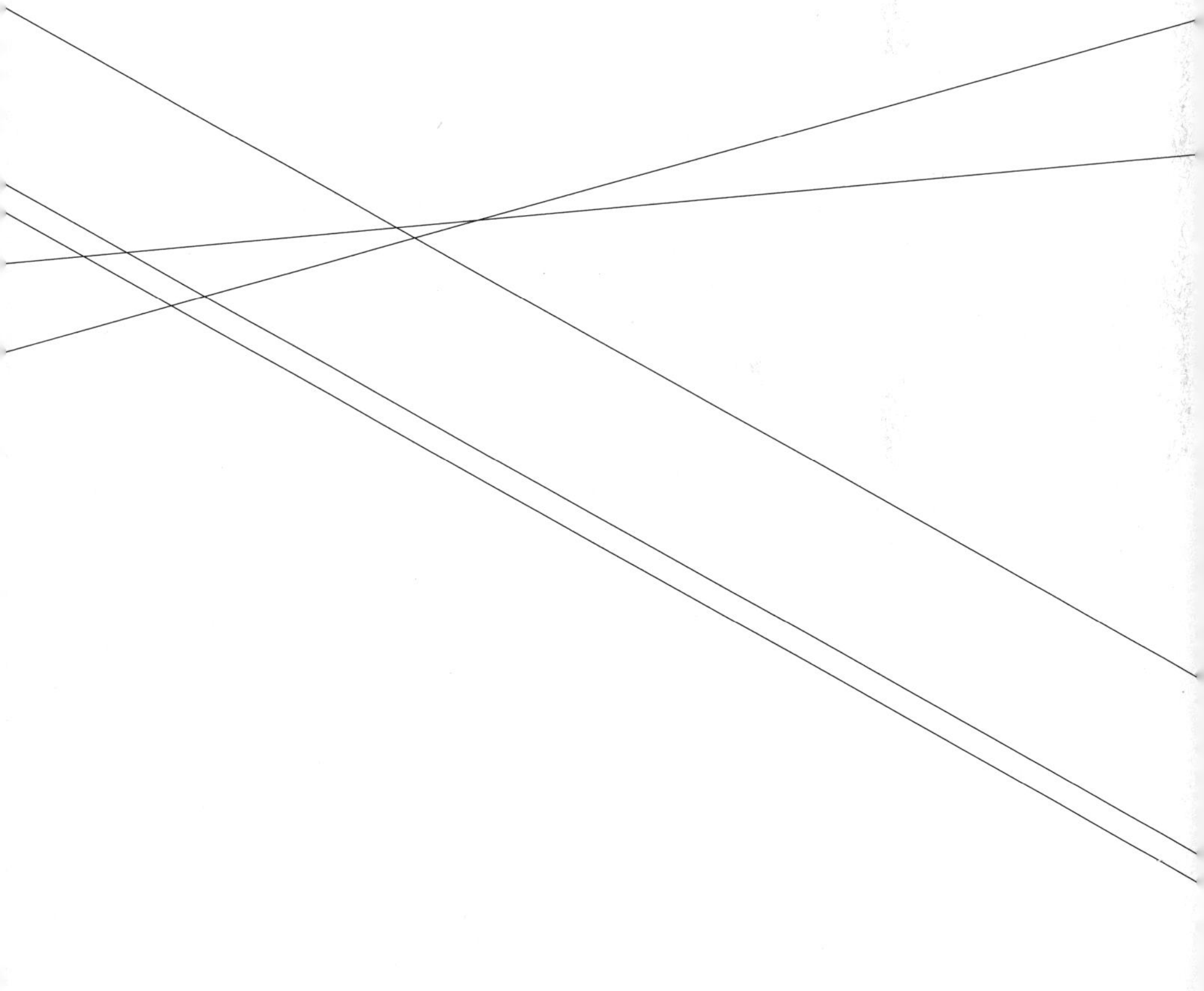

Danbi

Yoon

Lee Jeong-beom

Jang Kun-jae

Chang Ryul

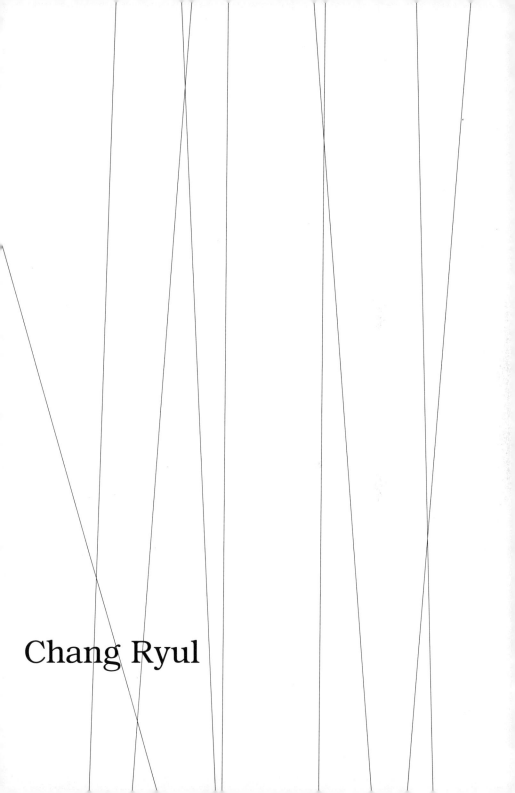

Na Hong-jin

Hong Sang-soo